La VERDADERA «CALLE»

David Raga Sánchez,
«NanoJr»

La
VERDADERA
«CALLE»

Λ

Arcopress • Desarrollo personal
Dirección editorial: Pilar Pimentel
Edición: Esther Pedraza
Corrección: Rebeca Rueda
Diseño y maquetación: Fernando de Miguel

www.arcopress.com
pedidos@almuzaralibros.com - info@almuzaralibros.com

Editorial Almuzara
Parque Logístico de Córdoba. Ctra. Palma del Río, km 4
C/8, Nave L2, nº 3. 14005 - Córdoba

Imprime: Romanyà Valls
ISBN: 978-84-10354-19-7
Depósito Legal: CO-1005-2024
Hecho e impreso en España - *Made and printed in Spain*

*A Verena, mi madre, por darme su amor y apoyo incondicional,
lo más importante del mundo; a mi hermanita Nora, el amor de mi vida
y a quien voy a cuidar siempre; a mi hermano, compañero de vida
en todos los momentos duros de nuestra infancia; a mi familia,
por su apoyo; a Jesús y Sergio, por enseñarme lo que es la verdadera
amistad, y a todos los que me siguen, por creer en mí
y permitirme crecer con ellos.*

Índice

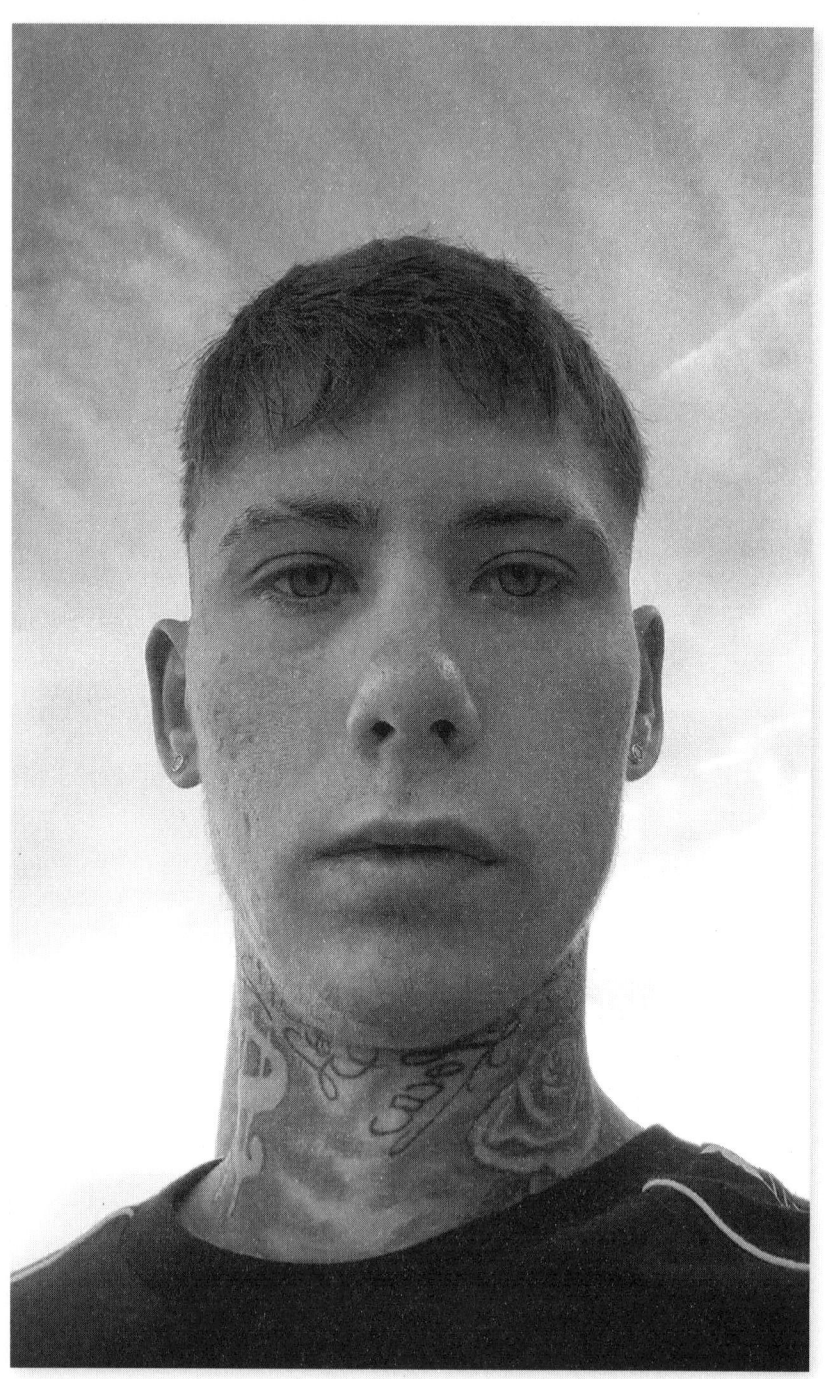

-1-

SI YO PUDE,
TÚ PUEDES

Me llamo Nano, y soy un chaval muy parecido a ti. Quizás nuestras infancias fueran diferentes, muy diferentes, porque yo he vivido cosas que nunca debería vivir un niño. Seguramente cualquier psicólogo te diría que podría haber terminado siendo un delincuente, un abusador o un adicto a cualquier droga. Vivir con un maltratador que te somete a través del miedo y que te dice que te va a matar si le cuentas a alguien lo que pasa en casa no es la mejor escuela para acabar siendo una buena persona. Pero es un hecho que demuestra que, si yo lo he logrado, tú también puedes.

Tú y yo no somos tan diferentes, y al final del día compartimos sueños, penas y luchas similares. Así que sí, puedo decir que soy un chaval como tú, o que tú eres un chaval como yo. Mi historia no es la de un superhéroe, sino la de alguien que nunca ha querido ponerse excusas para nada.

Un día, mientras volvía del curro y me encontraba escuchando un montón de quejas en TikTok, de gente que, a mi parecer, no tenía mucho motivo para estar lamentándose, decidí grabar un video frente a la cámara y soltar esto:

A ver, chavales, yo tengo una pregunta muy seria. Si tú vienes de una buena familia, bueno, que tienen dinero, te dan tu paga, te compran tus cosas, tu chándal, no sé qué, tus mierdas…, no te falta de nada, ¿por qué dejas el instituto? ¿Por qué te gastas ese dinero que te dan tus padres, que ellos sí se lo trabajan de verdad, en porros, en beber, en fiesta, en mierda? ¿Por qué, si no te falta de nada, vas como si fueras de barrio? Hermano, no vayas de lo que no eres porque no sabes lo dura que es esta vida en verdad. Yo vengo de una familia humilde, y estoy con dos trabajos, matándome a trabajar. ¿Para qué? Por ejemplo, el otro día, le faltan unas zapatillas a mi hermana, fui y se las compré. En casa falta aceite, compro una botella grande de aceite. Y aquí estoy intentando sacar a mi familia adelante porque es lo que toca. Y vosotros, que tenéis la suerte de que podéis vivir tranquilos, tener una juventud más tranquila y hacer las cosas bien, primo, estáis dando disgustos a vuestros padres y os creéis calle. Calle no es eso, calle es cuidar a tu familia. Calle es pues lo que estoy haciendo yo, hermano, sacar a tu familia adelante. Y, hazme caso, que lo voy a conseguir. Y tengo muy claros mis objetivos. Llevo desde los 16 años trabajando y a mi familia no le va a faltar de na nunca.

Aquello se hizo viral y, de pronto, medio país hablaba de mí.

En realidad, yo no buscaba la fama con esa publicación, solo quería soltar un mensaje que sirviera para hacer reflexionar y para ayudar, tanto a los que lo tienen todo, y no lo aprovechan, como a los que, como yo, se lo tienen que ganar cada día. Quería que supieran que no están solos, que luchando se consiguen las metas y que lo más importante es ayudar a la familia. Y, sobre todo, quería que tú, que me estás leyendo, no te pusieras excusas y no te limitaras a repetir como un mantra que la vida te lo pone muy difícil y no te deja elegir.

Lo que nunca pensé es que esas palabras alcanzaran a tanta gente y que ese video lo compartieran tantos miles de personas. Uno nunca sabe dónde está el clic que te puede cambiar la vida, ¿verdad? En mi caso, ese video en TikTok me ha traído muchas cosas buenas, y quiero pensar que, a lo mejor, me lo merezco, como te lo puedes merecer tú.

Ahora mismo tengo casi 260.000 seguidores en TikTok, y eso para mí es una barbaridad. Pero no me considero más o menos que nadie por ese motivo, ni soy de hacer las cosas pensando en quién las verá, ni de preocuparme por si debo vestir de una u otra manera, ni de pensar sobre la actitud que debo adoptar frente a la cámara. Cuando tienes tantos seguidores, a no ser que seas un descerebrado, debes ser consciente de que tienes una responsabilidad y no puedes decir ni hacer cualquier disparate. En mi caso, lo que ves en mis videos es lo que soy, y lo que cuento es lo que pienso.

Intento que esa popularidad no me afecte en ningún sentido, aunque es verdad que, al tener tantos seguidores, hay mucha gente que ahora me mira con otros ojos, y eso es lo que tengo que aprovechar: el hecho de que me tengan en cuenta, para que lo que digo sirva para hacer la vida mejor a más personas. No soy un loco, sé que no es fácil, pero, cuando me escribe algún joven diciéndome que, gracias a mis videos, se lo ha pensado y se ha puesto a estudiar, a mí me vale.

Este libro es la historia de un chaval de barrio que quiero compartir contigo y con tantos otros chavales que viven y sienten de forma parecida. Sobre internet y todo eso, ya te hablaré más adelante. Lo primero que quiero es que me conozcas un poco, que entiendas de dónde vengo y por qué no me valen las excusas. Muchos me contáis que habéis vivido una infancia llena de violencia y por eso sois agresivos, o que en casa habéis visto siempre peleas entre los adultos y ahora no sabéis hablar bien ni a las chavalas, ni a las madres, ni a vuestros profesores. Me contáis también a menudo que no tenéis esperanza y que lo mejor es quedarse en el sofá jugando, o salir y fumar porros, beber y armar bronca.

Este primer capítulo va de eso, de que a todos la vida se nos puede poner cuesta arriba, pero no debemos usar ese hecho como excusa. Y de, en el caso de chavales que tienen una vida buena, con padres que trabajan y los quieren, cuestionarnos cuál es el motivo para no estudiar o hablar mal a todo el mundo.

Cuando dije «NO» a ser un delincuente

Yo soy un chaval de barrio cuyo único vicio son los tatuajes. Eso, de entrada, hace que mucha gente piense que soy un delincuente, pero ahí no puedo hacer otra cosa que darles tiempo para que me conozcan y se den cuenta de que se han formado una opinión equivocada sobre mí, o esperar que desaparezcan los prejuicios sobre los tatuajes y la gente entienda que llevarlos no quiere decir que seas mala persona. Los tatuajes significan mucho para mí, todos los que tengo esconden una historia y todos me han costado mucho esfuerzo, porque hay que pagarlos.

Los que no lo sois os preguntaréis qué significa ser un chaval de barrio. Para mí, ser un chaval de barrio es ser un joven que no nació entre lujos, que tiene unos padres humildes que han de trabajar duro para sacar a la familia adelante, o que incluso es huérfano y vive con otros parientes, como sus abuelos; sin que ninguna de esas situaciones le impida trabajar en mejorar, darse lo mejor a sí mismo e intentar hacer las cosas bien para no complicarle más la vida a su familia, que ya sufre de por sí una situación difícil. Eso es para mí ser un chaval de barrio, aunque haya quien crea que en los barrios las pandillas están llenas de delincuentes.

Soy un chaval de barrio que no ha tenido una vida fácil. Un chaval que ni siquiera terminó la ESO, que desde pequeño vivió situaciones terribles de maltrato y que tenía todas las papeletas para meterse en problemas y acabar entre rejas. Pero ya ves que no ha sido así... Y es que hay una frase que me gusta mucho y que dice que «elegir es renunciar». Yo elegí hacer bien las cosas y renuncié a meterme en líos. Renuncié a mierdas como las drogas, a emborracharme, a tirarme en el sofá, a hacer pequeños hurtos para tener mis caprichos. Elegir es renunciar.

No te equivoques, no soy ningún superhéroe. Si yo pude, tú puedes, vengas de donde vengas. Y los que te dicen que no hay un cielo para ti, una oportunidad de llegar a ser quien quieres ser, te están mintiendo, hermano.

Al hacerme viral, vino un día un profesor de instituto al que conocí en el Vips donde trabajaba y me dijo que fuera a darles una charla a sus alumnos, porque a lo mejor lo que yo les contara les hacía ver la suerte que tenían y tal vez eso les podría ayudar. Y precisamente, si hay algo a lo que no puedo decir que no, es a eso, a ayudar. Así que allí que fui. Estaba un poco nervioso y comencé a sufrir algunos de los efectos del síndrome del impostor, y es que quién era yo para ir a dar una charla a chavales de instituto, quienes seguramente ni siquiera me prestarían atención y a quienes, con toda probabilidad, todo aquello les parecería un rollo.

MI PRIMERA
charla en un instituto

Pero ya he dicho que, si alguien me pide ayuda, voy sin pensarlo, y me dije a mí mismo que igual lo que les contara podría invitarlos a una reflexión diferente.

Y allí estaban los chavales, mirando mis tatuajes y preguntándose de qué cárcel habría salido. Y allí estaba yo, más nervioso que la leche, mirando esas caras curiosas y pensando en cómo iba a conseguir su atención. Lo que quería era hacerles ver lo importantes que son los estudios y convencerlos de que no debían desaprovechar la oportunidad que les daban para aprender, porque en el futuro se iban a alegrar. De pronto, una chica me preguntó si a un chico que es agresivo en casa, porque allí tiene un ambiente de violencia diaria, debemos tolerarle que sea agresivo también fuera, en la calle o en clase, porque hay que entender que es lógico que repita lo que vive.

Esta pregunta se la hace mucho la gente, pero se responden de manera equivocada. De hecho, cuando le dije que no, que no tenía por qué, me miró sorprendida, y su respuesta fue que es muy difícil no hacer lo que ves y que había que comprenderlo, porque lo normal es que ese chaval sea violento si es lo que frecuentemente observa en casa. Sé que no es fácil. Pero entonces le devolví su pregunta con otra. La misma que ahora te planteo a ti, que estás leyendo esto: ¿cómo de difícil crees que puede ser para un chaval que convivió con un maltratador que lo levantaba a las dos de la mañana para darle palizas, lo colgaba de un cuarto piso y un día le clavó un cuchillo a su madre delante de él no convertirse en un abusador, borracho, agresivo y violento? ¿No puede ser que ese niño, al crecer, elija ser justamente todo lo contrario a lo que le hizo daño?

Pues ese niño soy yo, y te aseguro que todo lo que viví me ha servido para no querer repetirlo. Y no hay excusas, hermano. Recuerda: si yo pude, tú puedes.

De niño ves monstruos y de mayor buscas excusas para serlo tú

¿Cómo te escapas de una infancia donde lo que has vivido no debería vivirlo nunca un niño? Yo te digo: escápate a través del amor. ¿Y si no tengo amor?, me preguntas. Siempre hay amor en ti. Si no lo encuentras cerca, saca el que tienes en tu interior, porque, tarde o temprano, alguien te lo devolverá.

Yo nací en Valencia, en marzo del 2001. Mis padres eran jóvenes, rebeldes y, seguramente, aún no estaban preparados para asumir la responsabilidad de tener un hijo. Ahora tengo la misma edad que tenía mi madre cuando se quedó embarazada de mí y pienso que, si tuviera un hijo en este momento, no sabría muy bien cómo afrontar la situación. Un año después nació mi hermano Iván y los problemas en la familia no dejaron de crecer.

De mis primeros años apenas tengo recuerdos. Sé, porque me lo han contado, que mi padre estaba atrapado en la bebida, y eso no le facilitaba las cosas para tener un trabajo serio. Y también sé, de nuevo no por mí mismo, que con tres años me sabía de memoria el camino al bar. El alcohol es un mal aliado, hermano. En realidad, todas las drogas son amigas traicioneras. Y mi padre terminó en la cárcel.

Un amigo de mi madre, buen amigo, se ofreció a darnos un techo y un hogar. Los primeros años pasaron bien, pero algo se torció cuando la madre de este amigo murió. De nuevo el alcohol entró en casa y con él se fue la paz. ¿Cómo puede una persona cambiar tanto en tan poco tiempo y pasar de ser un buen tío a un monstruo? Aquí parece que hubo una causa, pero creo que, cuando eso pasa, es porque algo se bloquea en la cabeza y, si no pides ayuda, estás perdido.

Mis recuerdos de niño van muy unidos a ese monstruo. Si me paro a pensar (y tengo que hacerlo porque, afortunadamente, esos recuerdos los he llevado muy lejos, a una habitación cerrada de mi memoria, para que me hagan el menor daño posible), soy capaz de revivir la angustia ante alguien que me despertaba de madrugada para golpearme, que me lanzaba escaleras abajo o que me cogía de la pierna y me colgaba desde la terraza a mano alzada, en un cuarto piso. Vuelvo a sentir el horror que padecí en mi niñez, esa sensación de no entender nada, de pedir de forma impotente que alguien me ayudara, que pararan los golpes, que dejara en paz a mi madre y a mi hermano. Solo quería que se acabara ya, que se acabara de una vez. Y cuando se calmaba la tempestad, los tres nos abrazábamos aterrorizados.

Mis recuerdos también me llevan a los gritos típicos de los borrachos (sí, también se emborrachaba, y quizás por eso le tengo tanto respeto al alcohol y prefiero beber refrescos casi siempre), a las repetidas broncas que organizaba, a los escándalos y también a los policías que aparecían tan rápido como se iban, dejándonos allí, conviviendo con el miedo. Ese miedo que te paraliza y que a quien no lo ha vivido le cuesta entender.

Si me esfuerzo, porque es verdad que hay muchas cosas que no tengo claras, recuerdo cómo se acercaba a mí y me decía bajito:

«Si cuentas a alguien algo de lo que pasa en esta casa, mato a tu hermano y a tu madre, y luego voy a por ti». Con el tiempo descubrí que ese mismo chantaje se lo hacía también a ellos. Era la mejor manera de mantener nuestras bocas cerradas, amenazándonos con lo único que nos quedaba, el amor.

Sin embargo, las cosas se fueron poniendo peor, porque este tipo de maltratadores van a más, hasta que terminan matando. Lo vemos todos los días en las noticias. Un día cruzó la línea cuando le estampó a mi hermano la cara contra un plato porque no quería comer y mi madre se enfrentó a él. Lo siguiente que hizo fue ir a la cocina, coger un cuchillo y apuñalarla.

¿Crees que fue fácil para mi madre escapar de ese ser? No, desde luego que no. Al final, consiguió ponernos a salvo enviándonos con mi abuela a Valencia, mientras ella se quedaba con él como «rehén». Y ya sin miedo a que pudiera hacernos daño a nosotros, un día logró escapar y denunciarlo a la policía.

Esa etapa fue muy dura, pero luego vinieron otras, aunque en todas ha habido momentos buenos. Ahí es donde siempre me he agarrado para no decaer. Y no solo a ellos, sino a las personas que los llenan. Como, por ejemplo, mi hermana. Mi hermana Nora es mi chiquita, siento por ella adoración, y es una de las razones para seguir adelante, trabajando y luchando, porque no quiero que le falte nunca de nada.

Y siguiendo con mi historia, ahí no acabó todo. Después vinieron los ocho meses que pasé en un centro de menores y que tanto me marcaron. Todos mis recuerdos de aquel tiempo están llenos de lágrimas. Y es que ¿cómo le haces entender a un niño que debe separarse de su madre porque esta tiene que recuperarse en un centro de mujeres maltratadas?

Fue algo traumático. Llevo incrustado en el alma el momento en el que llegaron unos funcionarios de Servicios Sociales y nos apartaron de ella. Estábamos en mi casa cuando llamaron y le pidieron que se acercara a recoger unos papeles al Ayuntamiento.

Salió con mi hermana, pero, cuando volvió, ya vino sin Nora. Algo me dijo que aquello no iba bien, porque mi madre lloraba sin parar. Esa intuición de los niños, supongo, me alertó y comencé a gritar preguntando dónde estaba mi hermana. Y luego me puse a llorar también.

Detrás de mi madre entraron unos señores que nos pidieron sentarnos para hablar. Nos explicaron que a mi hermana la habían llevado a un centro de menores y que a nosotros nos llevarían a otro, donde íbamos a estar muy bien. Trataron de vendérnoslo como un buen lugar, con piscina, futbolines, profesores muy simpáticos... Pero a mí me daba igual lo que tuviera el centro, lo único que me importaba era estar con los míos, aunque fuera en la peor de las condiciones. Recuerdo que nos encerramos en una habitación y no había modo de que nos sacaran de allí. Nos revolvimos contra la policía y nos agarramos a la escalera con brazos y piernas. Todo eso lo tengo grabado en la memoria, aunque procuro que no me haga daño. La verdad es que no me gusta recordarlo. Pero así fue, en el centro estuvimos unos ocho o nueve meses,

Nano junto con su madre, Verena, contando su historia en el programa de Ana Rosa Quintana, TardeAR, de Telecinco, el 25 de septiembre de 2023.

y durante ese tiempo nos dejaban ver a mi madre una vez a la semana y a mi hermana una vez al mes.

No, las cosas no han sido fáciles para este chaval llamado Nano, que soy yo. Pero, como te dije antes, todas esas vivencias me han servido de trampolín para seguir saltando hacia delante. Hay mucha gente que no carga con una vida difícil, por eso me cuesta tanto entender que quieran complicársela sin razón. Y luego están los que sí la tienen y, fíjate qué ironía, se la complican un poco más. Cuando digo que mi infancia está llena de imágenes terroríficas, de golpes, de miedo y de dolor, es común que me pregunten a qué se agarra un niño que tiene que convivir con tanto sufrimiento, o cómo es posible que todo eso que he vivido no me haya convertido en un monstruo. Ya te he dicho al principio que mi refugio fue el amor, el amor de mi madre, que siempre estuvo ahí.

Aunque te parezca mentira, también tengo recuerdos de niño maravillosos, porque yo siempre me quedo con lo bueno. Eso quizá forma parte de la manera de ser de uno mismo, pero también creo que es algo que se puede elegir. Puedes elegir recordar lo malo o lo bueno. Antes de quedarte con una u otra vivencia, pregúntate cómo será tu futuro si eliges cada opción, piensa en cuál de ellas es la que te va a hacer sentir mejor contigo mismo y con los demás.

A pesar de vivir en un infierno, en mi mente recuerdo con cariño las madrugadas, cuando ese monstruo se iba a dormir y la casa se volvía un entorno agradable, ese lugar donde sentirse seguro. Yo no he sido nunca un niño dormilón. Tampoco ahora. Entonces, cuando todo parecía en calma y en paz, mi madre y yo nos quedábamos juntitos en el salón y, aunque hubiéramos pasado un mal día, ella intentaba sacarme una sonrisa, gastándome alguna broma, abrazándome, dándome besos o entreteniéndome viendo juntos una serie. Y sin darnos cuenta, esos momentos solapaban lo que hubiera ocurrido ese día, por horrible que fuera. Las caricias curan; el amor cura. Doy fe.

No pongas excusas
para hacerlo mal

No pongas la vida que has tenido como excusa para hacer el mal o dejarte llevar por los malos hábitos. Si yo quisiera excusarme en mis desgracias, con todo lo que llevo a las espaldas, sería ahora mismo un mierda, un tío violento que maltrata a las mujeres, y seguramente me habría entregado a la droga. Yo no pongo mi vida como excusa, la pongo como catapulta para el salto a mi futuro, un futuro esperanzador. Aparto lo malo y busco todo lo bueno, que también lo he tenido, para, sobre todo, saber qué es lo que no debo hacer jamás. Me he quedado con lo bonito de mi vida, que es el amor de mi madre.

Seguro que muchas veces, cuando te has ido a la cama, has repasado tu día mentalmente y te has preguntado qué cosas has hecho mal. No he atendido en clase, he faltado el respeto a no sé quién, mi madre se ha desilusionado... Si tienes la suerte de contar con un padre y una madre pendientes de ti, intentando hacer bien las cosas, debes pensar que otra gente agradecería estar en tu lugar. Hay quien no tiene a su familia viva, hay chavales en centros sin padre ni madre, o con la familia rota por los vicios. Piensa que eres un afortunado o afortunada.

Valora eso, aprecia lo que tienes y no pienses en aquello de lo que careces. ¿Por qué pones la atención en quién tiene más? Fíjate en quien no posee nada y aprovecha lo que tienes tú. Piensa que hay gente a la que no le alcanza el dinero ni para comer tres platos al día. Si puedes decir que tú sí, valóralo, da las gracias por eso. Aprovecha las cosas buenas de la vida, como hice yo.

Hacer lo que no es correcto te va a llevar a terminar en un centro de menores, y no tienes ni idea de lo que eso supone. Yo, haciendo las cosas bien, he estado en uno, y no puedo entender que haya gente que se mete en problemas para que lo lleven allí.

A no ser que no le quede más remedio porque no está en su mano impedirlo, o porque en su vida no haya nada a lo que agarrarse.

Un día me topé con un video, aparentemente de humor, con una canción que dice: «En ese barquito de papel viajaremos tú y yo a la isla del amor». Sin embargo, frente a lo que puede parecer, lo que se muestra en el video es un coche de policía, una foto de unos amigos y luego un centro de menores, como diciendo que, tal y como lo están haciendo, jugando a ser delincuentes, van a terminar juntos allí. A mí me parece este un humor de mierda que no entiendo (a lo mejor porque sé lo que es en realidad un centro de menores). ¿No era más fácil poner con esa canción una foto de tu madre seguida de un mapamundi, como queriendo expresar que la llevarías por el mundo?

Pues no, parece que no. Algunos hacéis este tipo de gracias, y luego encima os enfadáis cuando nos dicen que la gente joven dejamos mucho que desear. Pero la verdad es que damos una muy mala imagen con estas tonterías. A lo mejor soy yo el raro y pienso de este modo porque ese asunto del centro de menores lo tengo muy dentro… Pero no se puede andar así, hermano. No puedes estar todo el día tirado en el sofá, jugando a la Play, quejándote de que no hay trabajo, de que no hay futuro, sin querer estudiar, sin querer moverte… Olvídate ya de las excusas. Si yo pude, tú puedes. No me cansaré de repetirlo.

-2-

CALLE
ES FAMILIA

Ya conoces un poco mi historia, aunque hay mucho más, lógicamente, como que he cambiado varias veces de ciudad, de casa, de colegio o de amigos. No es fácil para un niño pasar por tantos cambios, pero todo se supera si tienes cerca gente que te quiere y a los que quieres. Por eso fue tan terrible cuando nos separaron.

Cuando digo que «calle es familia», me refiero precisamente a eso, a que la familia es la fuerza. Para mí lo es todo. Todo. Gracias a ellos he crecido como persona; son quienes me han guiado para que no eligiera el mal camino.

La familia, para mí, son mi madre y mis hermanos, pero sería injusto no reconocer la ayuda que nos han prestado mis abuelos y mis tíos durante todo este tiempo. La familia de mi madre vive en Alicante y siempre acuden cuando se les necesita. Por parte de mi padre, mis parientes residen en Valencia, y también han estado ahí en momentos duros. Pero ahora nosotros vivimos en Toledo y sabemos que cada uno tiene que andar su camino y no queremos dar problemas ni importunar. Nos vemos cuando toca vernos y mantenemos el contacto telefónico. Nos queremos, pero no nos molestamos, como en cualquier familia. Y lo que tengo claro es que, si familia es estar cuando se necesita, tengo una gran familia. A la que siempre estaremos agradecidos, ya que con su ayuda pudimos escapar del maltratador.

Aunque a mí ya me había salvado antes otra persona, por quien me aferré a la vida y sigo haciéndolo: mi madre. Ella fue mi roca y siempre me transmitió cariño y seguridad. Gracias a ella hoy puedo contarte esta historia desde un lugar de fuerza y superación.

Mi madre se llama Verena y tampoco tuvo una infancia fácil. Sus padres se separaron cuando era pequeña y lo llevó bastante mal. Tuvo una adolescencia difícil y se convirtió en una rebelde que quiso buscarse su propia vida. Conoció a mi padre y juntos decidieron irse a vivir juntos a Valencia, lejos de su familia en Alicante.

Con veintitrés años ya tenía dos niños pequeños a los que había que sacar adelante. Cuando mis padres se separaron, yo tenía tres años y, cuando mi madre comenzó a sufrir malos tratos, ni siquiera había cumplido los cinco. Pero, a pesar de ser tan pequeño, recuerdo una madrugada en la que aquel hombre nos sacó a los tres a la calle y empezó a pegar a mi madre hasta que cayó inconsciente en la acera. Su dolor también era el nuestro.

Aunque a nosotros nos ponía siempre la mejor cara, sabemos que ha sufrido mucho y que se ha sentido muy sola. Era incapaz de contar lo que sucedía en casa, pero, cuando salía a la calle, como, por ejemplo, para llevarnos al colegio, en su mirada pedía ayuda. Iba llena de moratones y con bocados hasta en la frente, pero nadie parecía darse cuenta… Cuando por fin consiguió liberarse de aquel hombre, vinieron otros problemas, pero ella siempre los ha sabido endulzar con su cariño. Es una auténtica luchadora, buscando siempre la forma de sacarnos adelante, e incluso consiguió titularse como cuidadora de personas mayores mientras trabajaba en lo que le iba saliendo.

Hacernos sentir bien era (y es) lo más importante para ella, y lo lograba hablando mucho con nosotros. Conmigo, durante aquellas madrugadas a solas, tenía muchas conversaciones. Me preguntaba muchas cosas, me cuestionaba sobre la vida y el futuro, incluso me animaba a buscar soluciones a nuestra situación, siendo tan solo un niño. Me contagiaba su optimismo, aunque por dentro se sintiera desolada. Creo que a ella le debo ser como soy.

De pequeño siempre recibía en Reyes y por mi cumpleaños un balón de fútbol. Nada más. Pero yo era el más feliz del mundo con mi regalo. Sin embargo, hay niños que, si no les compran sus padres el Iphone 15 Pro o la Play 5, por poner unos ejemplos, los insultan o los desprecian, incluso son tan burros que los amenazan con tirar su vida por la ventana con frases como «Pues ya no estudio más». A ver, *bro*, que al primero que le perjudica no aprobar es a ti. Tus padres ya pasaron por eso. Piensa bien si lo que quieres es suspender en la asignatura más importante, que es tu vida. ¿Te has preguntado alguna vez por qué no te compran lo que pides? A lo mejor tu familia no puede permitírselo. Cuando trabajes, te darás cuenta de que el dinero está para pagar lo necesario. Si sobra, entonces destínalo a caprichos.

A mí, por ejemplo, el balón me parecía bien. Me gustaba jugar al fútbol y siempre era estupendo tener un balón nuevo. Ojalá hubiera formado parte de algún equipo, pero no había dinero para apuntarme a un club o pagar una equipación. Por entonces no me daba cuenta de eso y en ocasiones me disgustaba, hasta que pude entender lo que ocurría. Estaría mintiendo si digo que no me he preguntado alguna vez cómo hubiera sido mi vida de haber tenido más oportunidades, pero tampoco le he dado demasiada importancia, menos aún cuando veo a mi madre venirse abajo por no habernos dado una vida mejor.

Cuando eso pasa, le digo que habrá niños que hayan tenido más cosas materiales, pero a lo mejor les ha faltado el amor que ella siempre nos dio. Que se quede con eso. Piénsalo tú también si tus padres no pueden darte todos los caprichos.

No hay nada que me haga más feliz que hacer felices a los míos y a la gente que me necesita. Me hace feliz de verdad. ¿Tú te has preguntado alguna vez qué es lo que te hace realmente feliz? Contéstate, porque lo mismo te estás equivocando al dar valor a las cosas y no a los sentimientos.

Quizá pienses que soy demasiado joven para hablar con tanta madurez, para actuar como «el padre» de mi hermana y ser el sustento de mi familia. Algunas veces me preguntan quién me enseñó a pensar así, pero creo que he aprendido por mí mismo, a base de mucho dolor. Pero, al fin y al cabo, si algo me ha dado bueno esta vida, es mi sensatez.

Desde muy pequeño he tenido muchas charlas conmigo mismo. Me veía obligado a reflexionar sobre todo lo que me pasaba, preguntarme el porqué de las cosas y buscar respuestas y soluciones. No levantaba un palmo del suelo y ya andaba pensando en el futuro. Me hubiera gustado tener un maestro, un guía, pero no ha sido así. Si tú tienes la suerte de tener cerca a una persona que pueda ayudarte a comprender el mundo que te rodea, no seas tonto y escúchala. Por lo menos, hazlo. Y luego toma, de aquello que te diga, lo que te parezca mejor para ti.

Si quieres una vida bonita, tendrás que trabajarla

Mis seguidores de TikTok y la gente que me ha visto en televisión o por la calle saben que tengo muchos tatuajes. Es algo que llama la atención y de lo que te voy a hablar en el próximo capítulo, pero te adelanto ya que el primero que me hice, el que más valor tiene para mí, es el que lleva el nombre de mi madre, la persona más importante en mi vida y a la que más quiero. Me lo regaló ella y sé el enorme esfuerzo que tuvo que hacer para poder pagarlo.

Si soy sincero, no soy mucho de pedir. Nunca lo he hecho, pero sí quería un tatuaje, y ese deseo me lo concedió ella. Es una rosa dentro de un corazón, donde también aparece su nombre. Mi madre me enseñó a amar bonito y a tener unos valores increíbles. A ella le gusta hacerme feliz y a mí hacerla feliz a ella. Y ese es el trabajo más fácil de todos, te lo aseguro. No cuesta nada hacer felices a tus padres

y hermanos. Hay muchas maneras de conseguirlo con tan solo hacer bien las cosas. Y por tener un detalle, puedes regalarle algo con lo que lleven tiempo soñando. Por ejemplo, ahora que estoy un poco mejor económicamente, le he regalado una sesión de manicura, porque llevaba tiempo queriendo ponerse uñas y no teníamos dinero para ese capricho.

Cuando fue su cumpleaños, la sorprendí con ese regalo y me emocionó mucho verla tan feliz. Al acabar, fue por el centro comercial presumiendo de las uñas que le había regalado su hijo. Y la gente me miraba raro, porque a mí, en verano, me gusta llevar camisetas de tirantes para que se vean los tatuajes. Como podíamos intuir lo que pensaban, mi madre les decía que, aunque tuviera esas pintas, yo era muy buen hijo, que tenía dos trabajos y ayudaba en casa. Me hace gracia el hecho de tener que dar explicaciones por el aspecto, cuando lo importante es cómo somos por dentro. Claro que eso no se aprecia a simple vista.

Pero, si no estás en tu mejor momento para gastar dinero, hay otros modos de lograr una buena vida y una convivencia bonita en casa, y de que tu madre se sienta orgullosa de ti con poco que le des. Por ejemplo, en mi caso, antes de salir, antes de irme con los amigos o a donde sea, digo en casa dónde voy y con quién, y a la hora que volveré, cuando la sé. Y luego, antes de coger la puerta, me como a besos a mis dos chicas, a mi madre y a mi hermana.

Esto puede parecer algo simple, pero en realidad no lo es. Ni tampoco es tan común como tal vez se piense. Conozco a muchos chavales, chicos y chicas, que, cuando van a salir a la calle, les dicen a sus madres que se marchan y, cuando estas les preguntan dónde o con quién, se molestan, como si fuera algo malo. Y no solo no lo dicen, sino que se van dando un portazo o sueltan una mala contestación.

Creo que no cuesta nada dejar a tu madre tranquila. Es un pequeño gesto que le hará bien, porque, sabiendo dónde estarás, no se preocupará de más. Y el beso es muy importante, no supone ningún esfuerzo, y puede que llegues a arrepentirte de no habérselo dado. Nunca sabes lo que puede pasar una vez salgas por la puerta. Imagínate que te vas cabreado, tu madre no sabe ni a dónde vas y te pasa algo a ti, o a ella. ¿Ahora qué? ¿Cómo te sientes? Fatal, seguro.

Es verdad que no todo el mundo es igual de cariñoso. Yo soy muy besucón, me gusta mucho achuchar y, cuando hablo con mi madre y mi hermana, les digo cosas como «Mi vida», «Cariño», «Amor». Palabras que igual a ti no te salen de un modo natural o no se te ocurren en el momento porque no forman parte de tu manera de hablar. Con esto no quiero decir que debas ser como yo. No quiero que finjas; tienes que ser tú mismo. Si no te sale ser tan cariñoso, da un beso menos empalagoso o un abrazo, lo que te cuadre con tu personalidad. Recuerda que los pequeños gestos hacen la vida más bonita. Si quieres conseguirla, dedica tiempo a esto.

Por mi parte, he de decir que he trabajado para que todo lo malo que he vivido se quedara atrás, «mi vida loca», como yo la llamo, y he tenido el privilegio de tener siempre a mi lado a mi madre para guiarme. Por eso creo que lo peor que le puede pasar a una persona es no tener madre o, mejor dicho, no tener una buena madre. Por suerte, la mayoría lo son.

¿Qué le digo a quien no tiene ese abrigo, ese abrazo? Básicamente, que se refugie en otra persona, porque siempre habrá alguien cerca que le quiera: un padre, un tío, una tía, una vecina, un hermano, una hermana, un amigo, una amiga… Alguien que le dé la mano. Si eres uno de estos chicos que se siente solo, sé listo y agárrate fuerte a esa mano que te quiere prestar su ayuda.

Pero volviendo a las madres: si la conservas a tu lado y ella no hace otra cosa que mirar por ti, es muy importante que la valores, que la quieras y que no la juzgues por los errores que pueda

cometer. Muchas veces se encuentran con situaciones complicadas y no saben cómo reaccionar. Un día, una madre subió a las redes sociales el lío que tenía con su hija de ocho años, porque ya se quería maquillar y quería llevar ropa de fiesta todo el tiempo. La madre, desesperada, pedía consejo.

Yo creo que esto está pasando porque los niños están dejando de ser niños demasiado pronto. ¿Por qué? Por la cantidad de horas que pasan pegados a un teléfono móvil, dejándose influenciar por personas a las que ni siquiera conocen. A los niños hay que darles una infancia buena, la tradicional, la que no está contaminada por las cosas de los adultos. Y para ello los padres tienen que cambiar su comportamiento al respecto, ya que son los primeros que, si el niño está dando la lata, le dejan el móvil para que vea dibujos y los deje en paz. Pues no, hay que estar con ellos, llevarlos al parque, pintar juntos, darles una niñez bonita en familia.

Amor de hermanos:
apuesta por ello

Por ahí hay canciones que dicen que, si todo sale bien, estaré con mi familia y, si todo sale mal, también. Yo tengo dos hermanos: Iván, un año más pequeño, con quien he vivido todos los malos y buenos momentos de mi pasado, y Nora, una adolescente de catorce que llegó a nuestra vida para hacerla más bonita. Mi hermano se ha independizado, ya no vive en casa, y trabaja en restauración, al igual que yo. Este trabajo nos permite librar días alternos y no siempre coincidimos, pero, cuando podemos estar juntos, es como volver a la infancia.

Nora, la chiquita de la casa, es mi motivación todos los días, el motor de mi vida. Desde que nació me propuse protegerla, cuidarla con muchos mimos y apoyarla en sus decisiones. Con el tiempo me voy dando cuenta de que se hace mayor, aunque inevitablemente la siga viendo como mi niña (y seguirá siendo así por el resto de mis días). Sí, es cierto que los hermanos vamos cambiando al paso de los años, pero lo importante es que nuestros corazones sigan latiendo cerca, escuchándose el uno al otro, cuidándose mutuamente.

Mi relación con mis hermanos es tan buena que no logro entender que haya hermanos que se llevan como perros y gatos o se tratan con desprecio, cuando el amor entre hermanos es el más bonito que existe. Por ellos se es capaz de hacer cualquier cosa. Al menos, hablo por mí. De hecho, una de las razones por las que tengo dos trabajos es porque no quiero que mi hermanita pase necesidades. Mi madre trabaja, pero no siempre, y a mi princesa no quiero que le falte de nada.

Quizá por ese rol que he adoptado de «hombre de la casa» es por lo que Nora me llama «papá». Y la verdad es que me gusta. Ella dice que siempre me he comportado como un padre, alabándola cuando lo merece, castigándola si no hace las cosas bien y aconsejándola en cómo debe actuar. Para ser sinceros, soy bastante protector, pero he visto tantas cosas en la calle que tengo mucho miedo de que algo malo pueda ocurrirle. Incluso la llevo a todas partes porque no quiero que vaya sola por la calle. Se oyen tantas barbaridades que suceden en el mundo, sobre todo a las mujeres… Sé que tiene que hacer las cosas por sí misma y aprender a equivocarse, pero me cuesta dejarla desprotegida. Al final, lo importante es que sepa que voy a estar siempre para apoyarla en lo que decida, para defenderla de sus temores y, muy importante, ayudarla a seguir por el buen camino.

Y digo esto porque mi chiquita ha pasado una época muy agitada. Había empezado a faltar a clase y a salir con otros chicos y chicas que no parecían ser buenos amigos. Esto me ha tenido realmente preocupado durante un tiempo, aunque creo que ha comprendido por sí misma que estaba desviándose de lo correcto y su actitud de pronto ha cambiado. Se está haciendo mayor…

Aunque le regaño, si hace algo bien, también la compenso. Por ella me inventé lo que llamo «el día de hermanos», que celebramos solo si se ha portado bien. Si es así, una vez a la semana tiene derecho a elegir, desde por la mañana hasta la noche, lo que hacemos. Eso sí: juntos. No puede elegir irse con las amigas. Su recompensa por portarse bien es hacer lo que ella quiera, pero en familia. Normalmente escoge comer en su sitio favorito, ver alguna película y esas cosas que les gustan a los adolescentes.

Creo que todos deberíamos tener un día de hermanos, porque eso une mucho. Si tienes hermanos que viven contigo, busca lo bonito de hacer cosas juntos. Yo, por ejemplo, he apuntado a mi niña al boxeo y está muy motivada, muy volcada. Entrena dos días por semana, y yo me he apuntado en su gimnasio para entrenar con ella los días que está libre, ayudándola en lo básico, en lo que su entrenador le ha dicho que practique. Y la verdad es que pasamos momentos muy divertidos el uno con el otro. Así que te animo a que tú también saques tiempo para pasar un rato con tus hermanos, tus padres o tus hijos (si los tienes). Es muy enriquecedor.

Y no busques trabas; siempre se puede sacar tiempo. En mi caso, como trabajo en un restaurante, mis días libres no son como los de la mayoría, que pueden descansar el fin de semana; a veces libro en lunes o martes. De modo que he aprendido a sacar partido de este pequeño inconveniente y convertir el día que me toque en sábado o domingo, llevando a mi familia a pasar la tarde en la bolera, en el parque o en el cine. Donde sea, pero juntos.

Por si te ayuda, te voy a contar cómo es nuestra convivencia y algunos detalles que la hacen más fácil. Mis hermanos, mi madre y yo pensamos un día que no estaba de más tener algunas normas de comportamiento que se deberían cumplir para favorecer la convivencia y nuestra relación como familia. Las primeras las fuimos decidiendo de común acuerdo y las escribimos en una hoja de papel que colgamos en la pared. Si se nos van ocurriendo nuevas normas, se van añadiendo. En estos momentos, estas son las que aparecen recogidas:

—No me quejo nunca. Describo el problema.
—Nunca pego. Me defiendo con palabras.
—La casa es de todos y yo colaboro. No soy un invitado.
—Defiendo a mis hermanos y nunca los acuso.
—Limpio lo sucio sin que me lo digan.
—Digo la verdad, aunque no sea fácil.
—Se puede quedar en casa algún amigo en fin de semana.
—No falto el respeto a nadie, y menos a mi madre.
—Reconozco mis errores y pido perdón por ellos.
—Equivocarse es bueno.
—Si hacéis todo bien durante la semana, se sale el finde. Si no, no se sale y no hay internet.
—No insultar ni a hermanos ni a nadie.

¿Hay alguna de esas normas que no te parezca buena? ¿Crees que en tu casa vendría bien tenerlas siempre a la altura de los ojos?

En mi casa se respira cariño; seguramente en la tuya también. Conozco a chavales que, aparentemente, lo tienen todo y no lo valoran. A lo mejor el dinero no es tan importante, y te lo digo yo, que he pasado necesidades de verdad, no de postureo. A veces uno tiene cubierto todo lo que da el dinero, pero le falta el cariño, que es lo principal. Aun así, ya te digo que eso no tiene que ser nunca una excusa. La vida es dura y hay que tirar para adelante, aunque no tengas lo que quieres. Hay que intentar ser mejor y tener esperanza de que, tarde o temprano, el amor vendrá. Pero para eso tienes que dar tú también amor.

La familia es mucho más que compartir la misma sangre. Es un sentimiento profundo de amor y conexión, una red de seguridad en un mundo que nos trata duramente en muchas ocasiones. Por eso debes entender que la verdadera riqueza no se mide en posesiones materiales, sino en los lazos emocionales que nos unen.

Mi madre siempre nos enseñó a valorar lo que tenemos, a apreciar las pequeñas cosas de la vida. Aprendimos con ella que el amor se encuentra en los detalles, en los gestos de bondad y generosidad.

En nuestra familia, cada uno es diferente y desempeña un papel fundamental en la vida del otro. Mi madre es la sensatez y el corazón que nos impulsa a todos; mi hermana es pura alegría, la mejor compañera de aventuras; mi hermano es la personificación de la amistad, y, en cuanto a mí, me defino como el optimista, el soñador, quien nunca deja de creer en un futuro mejor. Y en familia, siempre es posible.

Nunca jamás subestimes el poder de la familia. Los amigos van y vienen, los amores llegan y se van, pero la familia es ese lugar al que siempre puedes volver como si nunca te hubieras ido. Y créeme, no hay mayor tesoro que ese.

-3-

SOY LO QUE VES, NO LO QUE PIENSAS

Ya conoces una parte de Nano, la que no se ve. Ahora quiero que conozcas otra, la de fuera. Al fin y al cabo, es en lo primero en lo que nos fijamos todos cuando conocemos a alguien, ¿no? Esa parte tiene un significado que quiero compartir contigo, porque creo que así sabrás un poco más acerca de mí.

He empezado este libro hablando de mi historia y mi familia porque considero que es lo que me define actualmente, pero no es lo único. También soy lo que ves: un chico con el cuerpo tatuado. Y es que no puedo evitarlo, me encantan los tatuajes. Siempre me han gustado. Me llaman la atención desde muy pequeño. No sé si porque mi madre los tiene, pero la verdad es que toda mi vida he querido llevarlos. Sin intención de aparentar nada ni ir de machote, como algunos piensan, sino por gusto personal, por estética. Creo, además, que es un arte y llevar arte en mi piel me parece maravilloso.

De alguna manera elijo los tatuajes para que cuenten algo de mí; a partir de ellos expreso mi forma de interpretar la vida. Otros, simplemente, porque me parece que se ajustan a ciertos rincones de mi piel.

Si me sigues en TikTok, ya sabes cómo es mi aspecto: el de un chaval rubio, con ojos claros, delgado, que no parece peligroso si solo enseña la cara. Cuando no tenía tatuajes pasaba más desapercibido y, si me miraban, lo hacían con tranquilidad, simpatía, sin ningún temor. Pero vivimos en una sociedad en la que se juzgan mucho las pintas de las personas y, sobre todo, si se trata de jóvenes. Te ponen una etiqueta en función de cómo llevas el pelo, cómo vistes y, por supuesto, cuántos tatuajes llevas en el cuerpo. Si estos tatuajes son discretos, sus portadores entran dentro de lo normal, de los estándares de la moda. Pero, cuando los dibujos cubren tu torso, tu espalda, los brazos y el cuello, pasas a formar parte de otro grupo: el de los malhechores.

Y puede que esas mismas personas que te juzgan amen los tatuajes, pero, como serían incapaces de tatuarse por completo, vierten su envidia y su rabia en comentarios ofensivos hacia quienes sí lo hacen. Como es la gente, ¿eh?

Ahora que tengo tantos seguidores me he dado cuenta de la realidad de este asunto. Cuando me hago una foto o un video mostrando mis *tattoos*, siempre hay un grupo de gente que me

pone fino y empieza a juzgarme libremente. Así, sin conocerme de nada, sin saber lo que hay detrás de mi aspecto. «Vas de pobrecito y te has gastado miles de euros en tatuajes», me dicen.

Es verdad, tengo muchos tatuajes, y es que para mí son un auténtico vicio. Aunque diría que el único, porque ni fumo ni bebo (apenas una copa de vez en cuando). Y mientras la gente se gasta el dinero en estos hábitos, yo ahorro para poder costearme lo que más me gusta, que son los tatuajes. ¿Cuál es el problema? ¿Por qué molesta tanto? ¿Por qué se me condena? No juzgues, hermano. Conoce a la persona; mira si actúa bien, si te ayuda o te hace mal, y no te quedes en lo superficial.

Sin entenderlo, he recibido muchas críticas por esto. Es como si no pudiera gastarme el dinero que gano trabajando desde los dieciséis años en lo que quiero. Parece que la gente acepta mejor que los jóvenes se gasten su dinero en porros, o en pastillas, o en alcohol, en vez de en algo tan inocente como tatuarse. Un simple *hobby* que se ha convertido en el blanco de burlas y prejuicios.

Empiezo a pensar que hay personas a las que les molesta que otros sean felices y se sientan a gusto con su personalidad. Cuando ciertos individuos descubren a alguien así, eligen hacerle daño buscando cualquier motivo, y una diana muy común sobre la que lanzar dardos tiene que ver con el estilo propio: el modo de vestir (que si lleva los pantalones bajos, que si va con anillos y cadenas, que si lleva ropa de imitación…), el peinado o la manera de maquillarse.

En fin, visto que los tatuajes parecen ser un buen tema para meterse conmigo, he creído conveniente hablar de ellos.

Lo primero que quiero dejar claro es que no malgasto el dinero que gano en tatuajes. Mi sueldo siempre va destinado a mi familia y, si consigo ahorrar, es para cubrir sus necesidades primero; pero, cuando me sobra algo, de vez en cuando lo empleo en mi capricho personal. Y he de decir que, además, tengo el privilegio de contar con un amigo tatuador que me hace precio. Es la misma persona que me tatuaba antes de tener su propio estudio y por esa confianza que compartimos me sigue cobrando lo mismo.

Siempre lo he hecho así. Ahorré para sacarme el carné de conducir (que no es precisamente barato) y para comprarme un coche con el que poder ir de un trabajo a otro con rapidez. Y también guardo un poco de dinero para mis cortes de pelo, mi ropa y alguna cosa más. Conseguirlo me cuesta un gran esfuerzo porque, en casa, cuando mi madre no tiene trabajo, yo soy el que aporta,

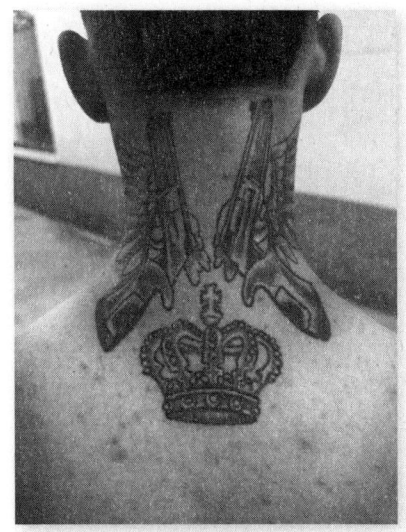

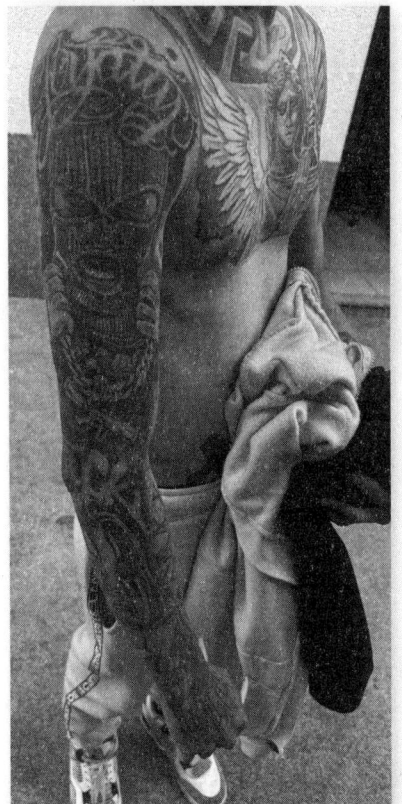
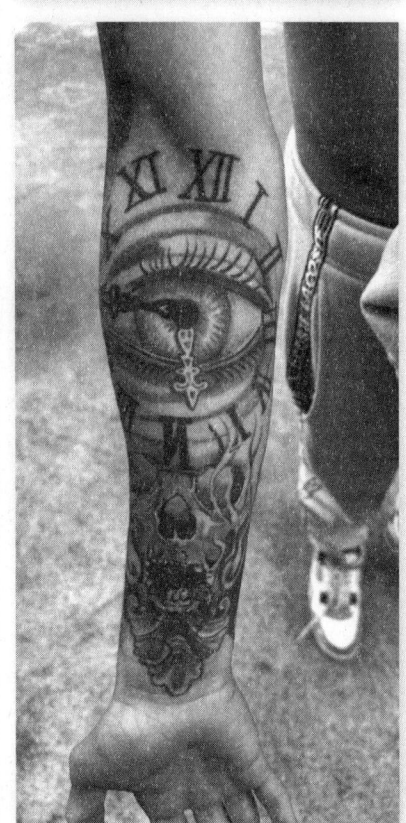

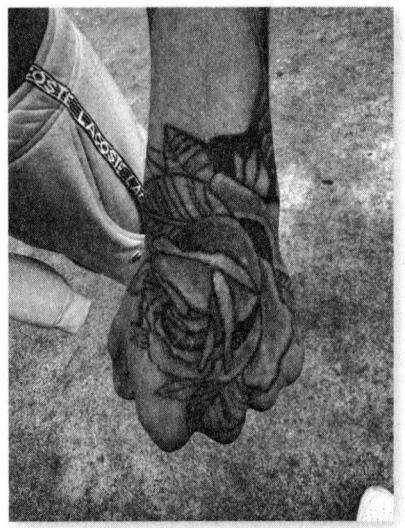

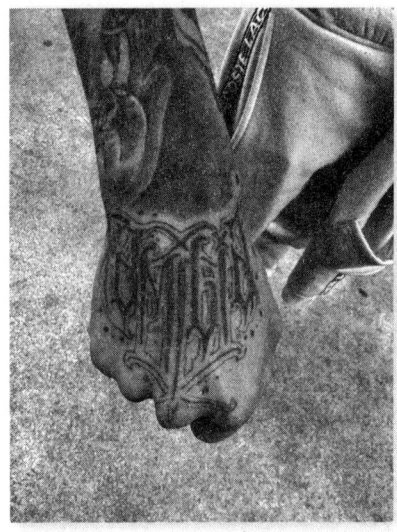

y lo vengo haciendo desde hace años. Afortunadamente nunca me ha faltado trabajo, pero, además, he aprovechado el tiempo para hacer talleres y cursos, para formarme y poder seguir creciendo.

Lo que te quiero decir con esto es que, si tienes la suerte de tener tu vida resuelta, de contar con una familia que te lo paga todo y siempre 20 euros para gastar en el bolsillo, no vengas a juzgarme. Haz tu trabajo, que es estudiar, y no te la pases dando disgustos a tus padres, que te hacen la vida fácil. Sois muchos los que creéis que eso es ser calle, pero estáis muy equivocados.

El concepto que muchos de vosotros tenéis hoy día de lo que es «ser calle» es liarla, hablar mal a los padres y robar. Y en eso no estoy para nada de acuerdo. Como ya dije antes, para mí, calle es familia. Es patearse el asfalto buscando lo que hace feliz a tu gente. Es cubrir las necesidades de los tuyos antes que las propias. Es hacer las cosas bien para que los que te quieren se sientan orgullosos de ti. Y cuando hablo de familia, me refiero también a todas esas personas que sientes que forman parte de ella, aunque no compartan tu mismo árbol genealógico.

Considerar a alguien parte de tu familia sin serlo en realidad significa que se ha creado un vínculo entre los dos, una unión importante. Hay personas que son familia porque sientes que están cerca de ti, que son algo muy tuyo y que puedes contar con ellos en cualquier momento. Y también los hay que, siendo biológicamente parientes, no son familia porque no se comportan como tal. Ser familia es preocuparte por tu gente y que ellos miren también por ti. Querer saber acerca del otro e intentar hacerle feliz.

Mi madre, que me conoce mejor que nadie, sabe desde siempre que yo quería tatuarme en cuanto pudiese costeármelo. Y en cuanto pudo ahorrar un poco, me llevó por sorpresa a ver a mi amigo el tatuador y me dijo que me regalaba mi primer *tattoo*. Recuerdo que aquel momento fue muy emocionante. Estaba muy nervioso, pero decidido, y desde el minuto uno supe qué es lo que quería que el tatuador grabara en mi piel: el nombre de mi madre. La persona más importante en mi vida y a la que más quiero. Además, estaba tan feliz con su regalo que era una manera de agradecérselo… Sé muy bien el esfuerzo que tuvo que hacer para pagarlo, cómo tuvo que privarse de cosas hasta que consiguió reunir el dinero, y por eso tiene tanto valor para mí. Es mi preferido.

Decidí ponerme ese primer tatuaje en un lugar donde pudiera apreciarse, porque quería verlo constantemente y que se viera. Así que escogí la cara interna de mi brazo izquierdo. Y ahí puede leerse «Verena», junto al dibujo de una rosa y un ancla, porque me gusta el mar y porque ella es quien me agarra a la tierra. Me pareció muy simbólico, además de estético.

Mi segundo tatuaje también está en este brazo, pero arriba, saliendo del hombro. En él aparecen los nombres de mis hermanos junto a una figura maligna cubierta de rosas. Este tiene tralla, porque lo que representa esa imagen siniestra es en lo que podría haberme convertido si no hubiera sido gracias a esas rosas que me cubren y que encarnan a mi familia. Porque mi familia la forman buenas personas que siempre me han arropado y han hecho que yo también sea como ellos. Me han apartado de lo malo y evitado que cayera en un pozo sin salida. Se lo debo todo.

En el reverso del brazo tengo tatuado un tiburón, que significa fuerza, ganas de futuro. Lo que quiero expresar con él es que voy a por todas, que quiero comerme el mundo y no pienso conformarme con ser un pececillo más, sino que no pararé de pelear hasta cumplir todos mis sueños y cruzar mis metas. En realidad, me define como lo que soy: una persona ambiciosa que quiere hacer muchas cosas. Como ya te he dicho, todos podemos elegir, y tú también, hermano. Yo elijo ser un tiburón porque es un animal libre y fuerte al que el resto de peces respetan y no atacan. En la vida, en mi trabajo, también quiero ser alguien al que respeten.

Un poco más abajo de ese tatuaje hay una rosa azul. Esta no tiene ninguna historia detrás; simplemente elegí la rosa por estética, y el color, porque me gusta y hace juego con mis ojos. Estos dos me los hice a la vez y fueron baratos; entre los dos no llegaron a doscientos euros.

En el brazo derecho, por dentro, llevo tatuado un reloj con un ojo y una calavera, también en tonos azules. Con esto quiero decir que a todo el mundo le llega su hora, pero para todo. Tenemos una hora para morir, pero también para encontrar el amor, un trabajo, un hogar o lo que sea. Me costó ciento sesenta euros y es muy especial para mí. Y al otro lado tengo grabada una cara, y en la mano llevo la palabra *familia*. Este es el último tatuaje que me he hecho. Ambos me los regaló mi amigo.

Siguiendo en el mismo brazo, partiendo del hombro hacia abajo tengo otro reciente, que me costó ciento ochenta euros, sin ningún significado. Lo elegí porque me parecía chulo, aunque puede dar algo de miedo. Es la figura de un rostro tapado por un pasamontañas, una gran cadena en el cuello y una metralleta.

En la parte del cuello y la espalda tengo unas pistolas con alas y una corona que tampoco significan nada, únicamente me gustó el diseño. En el cuello, por delante, tengo el símbolo del dólar, con la frase *get money*, que significa «obtén dinero», porque creo que el dinero es básico y supone mucho esfuerzo y tiempo para mí conseguirlo. Pero que quede claro que el dinero se gana trabajando, no robándolo ni traficando con sustancias peligrosas. Yo, por mi parte, seguiré obteniéndolo honradamente para que algún día pueda ser un buen empresario, que es mi objetivo. Haz dinero currando, hermano. No te equivoques al elegir la manera.

En el lado derecho del cuello llevo escrito «Mi vida loca», porque, verdaderamente, mi vida no ha sido normal, ha estado llena de situaciones y experiencias muy locas. Pero al lado le he puesto una rosa porque pienso que también ha tenido su parte bonita y valoro mucho cada uno de esos buenos momentos que he vivido. Me encanta este tatuaje. Me representa muy bien.

En el pecho tengo un ángel sosteniendo un AK, que significa que soy el protector de mi familia, y llevo el arma en las manos queriendo decir que estoy dispuesto a todo por defenderla. Sí, soy un buen chico, al menos así es como me veo a mí mismo; pero por mi familia sería capaz de cualquier cosa. El pecho entero me costó doscientos euros.

En fin: esto que llevo tatuado en mi piel es lo que soy, esa es mi historia a través de los gráficos. A lo mejor piensas que me los he hecho para dar imagen de malote, porque soy de barrio. Pero no, en mi caso, solo es estética.

Es verdad que hay quien no entiende que lleve dibujadas algunas armas o figuras tenebrosas en el cuerpo, porque estas no se asocian con los buenos chicos precisamente. Pero, como has visto, tienen su historia. Así que te pido que, cuando mires a una persona, no la juzgues por sus tatuajes, sino por su comportamiento. De ese modo podrás tener una idea más o menos cierta de lo que puedes esperar de él o ella. Incluso podrías llevarte alguna que otra sorpresa. Quién sabe. A lo mejor los políticos con corbata resultan ser más delincuentes que los que llevan todo el cuerpo tatuado, por ponerte un ejemplo.

Me pregunto muchas veces cómo, con lo difícil que es la vida, nos la podemos amargar tanto y jodérnosla nosotros mismos. Cada vez entiendo menos a la gente y me raya mucho que cada día haya menos personas buenas. ¿Qué está pasando? ¿En qué nos estamos convirtiendo?

Cuando estuve en el programa de Canal Sur *Gente maravillosa*, me dio un subidón de energía porque pude comprobar que sí, que sigue habiendo gente de buen corazón. Te cuento lo que pasó:

Me hicieron ir a un supermercado y una señora, que estaba compinchada con el programa, empezó a meterse conmigo, a decirme que si era un ladrón, a pedir que me registraran, y su argumento era que no se podía esperar nada bueno de alguien que va lleno de tatuajes, y algunos con pistolas. Yo no tenía que hacer nada, solo esperar a ver si la gente que estaba comprando se ponía de mi lado o del lado de aquella mujer. Y hubo una chica que se enfrentó a ella. Me cogió del brazo, me dijo que me calmara y me defendió. Este tipo de cosas me reconcilian con el ser humano. Fue una bonita experiencia.

Pero luego está la otra cara de la moneda, y para demostrarlo pondré como ejemplo una situación que casi me jode la vida. Ocurrió en un parque donde he quedado alguna vez con amigos o conocidos. Al parecer, en ese lugar, un rato antes de que yo llegara, hubo una pelea entre dos grupos y varios le dieron una paliza brutal a un chaval al que casi matan. Los agresores iban cubiertos con pasamontañas, pero dejaban a la vista algunos tatuajes, y, como yo pasaba por allí y también llevo bastantes, me detuvieron y me relacionaron con los hechos.

Lo pasé fatal. La policía ni siquiera me dio el beneplácito de la duda. Fueron a por mí y me metieron en el calabozo. En comisaría comenzó un interrogatorio extraño, ya que nadie me decía por qué me habían detenido. El mero hecho de conocer a los agresores, y después de que las víctimas declararan que estos llevaban tatuajes, fue suficiente para que me metieran en el mismo saco. Fue horrible. Afortunadamente, todo pudo aclararse y en el juicio se demostró que yo no había estado en esa pelea. Al fin pude respirar tranquilo. Pero fíjate hasta dónde te puede llevar una cosa tan simple como un tatuaje…

Espero que, poco a poco, vayamos mirando a las personas más allá de lo que se pintan en la piel. No los juzgues, no los rechaces de entrada, porque te aseguro que para muchos es solamente una forma de expresión artística, aunque parte de su historia pueda estar camuflada en esos trazos.

Sé que los tatuajes me pueden cerrar algunas puertas a la hora de buscar trabajo porque siguen existiendo muchos prejuicios, pero te animo a que empieces a desmontar estereotipos aceptando la diversidad como un valor positivo. Freud, el padre del psicoanálisis, tenía su propia opinión sobre esto. Decía que era el modo que elegían algunos hombres (entonces, las mujeres no contaban) para hacer realidad su deseo de ser inmortal, porque era dejar una marca en el cuerpo que mantenía viva nuestra identidad después de la muerte. ¿Qué te parece?

Para mí, tatuarse es una elección más. Si crees que definen tu personalidad; si de algún modo te unen a tu familia, a tu gente, a lo que sea; si te sientes bien llevándolos, hazte los tatuajes que quieras. Eso sí: no esperes que todo el mundo te entienda. Aunque confío en que llegará el día en que, por fin, nos liberemos de ciertos convencionalismos y reinen la aceptación y el respeto.

-4-

SÉ UN TIBURÓN
Y CÓMETE EL MUNDO

A ver cómo te digo, para que te entre en la cabeza, que ahora mismo lo tienes todo para triunfar, que en este momento puedes aspirar a cualquier cosa y que deberías empezar a ponerte metas. Metas posibles, de esas que no te frustren porque parezcan inalcanzables. Tienes que saber lo que vales y, después de eso, plantéate lo que quieres ser en tu vida.

Yo no pude estudiar. En el colegio me decían: «David, ¿dónde te has ido? ¿En qué piensas? ¿Por qué no atiendes?», porque no me concentraba, pero realmente no podía prestar atención cuando mi mente se iba constantemente hasta mi casa, donde estaba mi madre con su maltratador. Era difícil escuchar las explicaciones del profesor cuando no sabía si, al volver, me la iba a encontrar bien, con un brazo roto o, lo que es peor, muerta. Te aseguro que así es imposible estudiar.

No cogí la rutina de pequeño, y los problemas económicos y de otro tipo que viví de niño tampoco ayudaron. Al final me tuve que poner a trabajar muy joven y no terminé la ESO, que es mi gran pena. Pero no descarto hacerlo algún día, porque para mí la formación es muy importante. Ya te lo he dicho: la verdadera calle es trabajo y familia, hermano. Y para triunfar hay que formarse, porque así tendrás la posibilidad de tener un futuro mejor.

En una de mis charlas a chavales de instituto les hice reflexionar sobre la importancia de los estudios y sobre lo necesario que es valorar lo que se tiene y no estar siempre queriendo lo que no. ¿Por qué te fijas en el que posee más? Hay que fijarse en los que no tienen casi nada o nada, hay que aprovechar las cosas buenas de la vida. Si tienes en cuenta solo lo malo, acabarás hundido en lo negativo. ¿A qué te va a llevar no estudiar? Seguramente, a delinquir y, finalmente, a terminar en la cárcel. Sí, ya sé que hay gente a la que le sale bien la jugada y se libra de los barrotes, pero ni siquiera esas personas pueden vivir tranquilas, el miedo a que los descubran las acompaña. Tú, aunque no tengas dinero, no tienes esa preocupación. Piénsalo así.

Estudia, porque, si no lo haces, tendrás que aceptar trabajos de mierda, mal pagados, y entonces es cuando te darás cuenta de lo fácil que era estar sentado escuchando al profesor y del tiempo que has perdido. Si eres de los que están en clase y te pasas el día liándola, molestando al profesor y al resto de compañeros, te pregunto: ¿por qué no te respetas a ti mismo y dejas de hacer tantas tonterías? ¿Por qué no respetas a los que quieren estudiar y no pueden porque no paras de dar la nota?

El chaval que va al instituto con ganas de estudiar, que tiene una buena familia y aprovecha lo que los profesores le enseñan se merece todo el respeto, ole por él. Y lo mismo para el chico humilde, el que hace un esfuerzo enorme para ir a clase porque quiere aprender y tiene que trabajar los fines de semana porque hace falta en casa. Pero, en el otro lado, está el que no solo no quiere estudiar, sino que se dedica a poner zancadillas, gastar bromas, interrumpir las clases y burlarse de los demás. Si eres de esos, ya te digo que le des una vuelta al asunto, porque, en el futuro, ese estudiante aplicado del que te ríes va a ser el que se mofe de ti. Se va a partir de risa cuando te vea currando por cuatro euros mientras él ha conseguido llevar a casa un buen sueldo; cuando mire adónde ha llegado él con su esfuerzo y dónde estás tú. Y ya si, por casualidad, cuando vayas a buscar trabajo, resulta que es el jefe, entonces la carcajada va a ser monumental.

Por ejemplo, yo he trabajado en hostelería sin ninguna formación, pero con muchas ganas. Sin embargo, cuando todo esto se hizo grande y pude, comencé un curso de camarero profesional. Es importante para que me abra puertas, para que tenga también algo que aportar a mi currículum cuando busque trabajo. Hazme caso, estudia para triunfar algún día.

Algunos trucos para encontrar trabajo

Muchos me preguntáis cómo es posible que tenga dos trabajos cuando a vosotros os cuesta tanto encontrar uno, y me pedís consejo para conseguir un puesto entre todos los candidatos que se presentan. Así que ahí va; espero que te sirva.

Una de las cosas que siempre hago cuando busco trabajo es demostrar que quiero trabajar. Te puede parecer algo obvio, pero no lo es. No todo el mundo transmite las ganas que tiene por trabajar. Es muy importante dejar ver tu entusiasmo, presentarte con una actitud positiva, dejar claro que, si algo no lo sabes hacer, estás dispuesto a aprenderlo.

En mi caso, algo que suelo hacer es despertarme a las cinco o seis de la mañana y ponerme en marcha para aparecer en las obras justo cuando empiezan los obreros a faenar. A la misma hora que llegan ellos, ya estoy dando vueltas por la zona con mi currículum en la mano, y eso a la gente le sorprende. Aunque para bien, claro. ¿Y por qué? Porque al empresario, al jefe, ver a un jovencito con esa actitud, con esa energía y a esas horas de la mañana le gusta, y seguro que piensa: «¡Joder! Este chaval se ha levantado a estas horas para buscar trabajo. Este le echa ganas». No es lo mismo ir a buscar trabajo a las seis de la mañana que a las cuatro de la tarde. Y no porque a las cuatro no vayas a encontrar nada, sino porque el empresario le va a dar más valor a tu esfuerzo por madrugar para ir a buscar trabajo. A mí ese truco siempre me ha funcionado; así que te lo dejo aquí, por si nunca se te ha ocurrido pensarlo.

Luego tienes que aceptar que, si eres joven y no tienes vida laboral, el trabajo que vas a conseguir, seguramente, no sea el mejor. Mi consejo es que aguantes en ese curro, cojas experiencia, ahorres y te pagues un curso de formación en lo que más te guste, para empezar a ir construyendo tu futuro.

En mi caso, cuando he empezado en curros que no me agradaban del todo, como quería mejorar y salir de allí para tener otro mejor pagado, he trabajado duro para dar el salto. Lo he utilizado como un trampolín para tener experiencia. Como ya he dicho, parte de mi sueldo iba para casa, y la otra la ahorraba para algún que otro capricho y costearme cursos, como el de mozo de almacén, que recomiendo, y, para completarlo, el de carretillero. Tengo el carné de ocho carretillas, el de habilidades sociales (que viene muy bien también), el de manipulador de alimentos y uno de experto en planificación, finanzas y seguros.

Todos esos cursos añaden valor a mi currículum a la hora de encontrar trabajo, ayudan a que se me abran puertas. Cuando una persona joven aporta experiencia y cuenta con varios cursos, el empresario asume que es un chaval con inquietudes al que le gusta aprender, y eso siempre juega a tu favor.

Al principio es duro, y ya sé que te va a costar, porque trabajar y estudiar a la vez no es fácil, pero tienes que entender que estás apostando por ti mismo, y eso te tiene que dar fuerzas. Porque, si tú no te valoras, ¿cómo esperas que los demás lo hagan?

Y ahora es cuando me dices que no se puede aceptar que te exploten, que te paguen mal por tus horas, que se aprovechen de ti.

Cierto, pero es que un trabajo mal pagado normalmente tiene que ver con no estar preparado, no estar formado. Y aunque tengas razón, ya te digo que quejarte no va a traer la solución que buscas. Que no queda otra que aguantar e intentar mejorar mientras trabajas y te sigues formando. Lo que no te va a servir de nada es quejarte de lo mal que está todo mientras estás tumbado en el sofá. Así no vas a solucionar el problema. Hay que formarse.

Siempre he pensado que hay que saber hacer un poco de todo, porque desconocemos por dónde va a venir la vida. Mira, a mí de niño me han enseñado que el dinero podía entrar en casa robando, es una manera de ganar billetes fácil y rápida. Siendo todavía crío, lo llegas a normalizar si, cuando dices «Quiero esto», ves a un mayor que le quita a alguien una cartera y luego te compra lo que has pedido. He vivido este tipo de situaciones y podía haber tomado ese camino, el aparentemente fácil. Pero en realidad no lo es. Ese llamado «camino fácil», el del robo, a largo plazo te arruina la vida. Los adultos que tenía cerca y robaban han terminado todos en la cárcel, y a los amigos que lo han hecho tampoco les ha ido bien.

Si, cuando eres pequeño, tienes una vida dura, puedes impulsarte para madurar y elegir que tu futuro no sea así, que es lo que me pasó a mí. Porque, si eres listo y buena persona, por muy mal que lo hayas pasado, te darás cuenta de que ese no es el camino. Yo lo entendí después de pensar mucho en mi situación. Cuando me acostaba, antes de dormir, me decía a mí mismo: «Mi vida es muy jodida, es verdad. Entonces, ¿me la hago aún más difícil delinquiendo, jugándome la cárcel, haciendo sufrir a mi madre y echándolo todo a perder? ¿Qué estoy ganando si tomo ese camino? Nada». Porque, aunque me saliera bien la jugada, aunque no me pillaran, vivía constantemente intranquilo.

Colega, uno tiene que ser consciente de lo que hace y ser fuerte con lo que decide, sin apartarse de su objetivo. Si tus circunstancias son complicadas pero eres bueno estudiando, pues agárrate a eso y sigue esforzándote pensando en el futuro. Si, como en mi caso, no puedes estudiar y tienes que salir a trabajar, no te quedes de brazos cruzados y lánzate a buscar trabajo. Un trabajo honrado donde se gane dinero de forma limpia. Y en tus turnos de descanso, disfruta de tu familia y de tu libertad. Porque eso es fundamental para vivir bien: tener libertad.

No es normalizar la precariedad, es ser listo

A estas alturas te habrás preguntado ya a qué me dedico, en qué consisten mis trabajos. Realmente, he currado en muchas cosas, y algunas no estaban fijadas en el contrato, pero yo mismo he decidido hacerlas por mi cuenta, echando horas extra no remuneradas, con tal de seguir aprendiendo un oficio.

Vivimos unos momentos raros, los trabajadores no nos fiamos de los jefes y los jefes no se fían de sus trabajadores. Yo he conseguido muchas cosas buscando complicidad con mis superiores, tratando de no repetir los errores de los que han estado antes en mi lugar. Puede que en ocasiones estos llevaran razón cuando se enfrentaban a los jefes, pero la mayoría sabe qué tipo de trabajo está aceptando, por lo que hay veces en las que no caben las quejas.

¿Cuál es mi truco? Demostrar interés en todo momento. No es solo un buen consejo para que te cojan en un trabajo, sino para ganarte la confianza del jefe. Hazle ver que te interesa el oficio y sacrifícate un poco de vez en cuando: si tienes que dedicar alguno de tus días libres a estar en la empresa aprendiendo, hazlo, aunque ese día no lo vayas a cobrar. Sí, sé que no es lo ideal, pero si necesitas dinero y temes perder el trabajo, es una opción que no hay que despreciar. Eso dice mucho de ti y tus ganas por crecer.

Con mi ejemplo también te darás cuenta de la importancia de estudiar y formarte, porque todo esto nos pasa a los que no tenemos nada. Si tienes un oficio o una carrera, te puedes plantear otras opciones.

No quiero que me malinterpretes, no quiero normalizar la precariedad ni la pobreza. ¡Ya quisiera yo que nadie necesitara tener dos trabajos para poder tener un buen sueldo! Pero es lo que hay. Estar con la quejadera y escribiendo mensajitos desde el sofá no va a cambiar las cosas en el mundo ni en nuestra propia vida. Tienes que proponértelo y hacer lo posible por salir adelante.

Yo admiro mucho a las personas que pelean por conseguir sus propósitos porque saben lo que tienen en casa y son conscientes de que el trabajo no les va a llegar mientras están tumbados en la cama, así que no dejan de luchar por alcanzar sus sueños, aunque para eso tengan que pasar por momentos duros.

Desde que comencé a hacer videos de mi día a día y de lo que pienso, me ha parado por la calle mucha gente mayor que me ha visto en internet para decirme que se sienten identificados con mi historia, que se ven reflejados en mí porque también tuvieron que ponerse a trabajar muy jóvenes. Me gusta mucho escucharlos, porque de todo se aprende, y cuando me dicen que ahora tienen su propio negocio, después de mucho trabajo, me llenan de optimismo. Lo que debemos tener claro tú y yo es que no lo hubieran conseguido si no se ponen a ello. Por eso quiero ser ese tiburón que llevo tatuado y no un pececillo cualquiera. Quiero comerme el mundo, y sé que para lograrlo tengo que luchar.

Estoy seguro de que todo en esta vida llega, tarde más o tarde menos, aunque con esfuerzo, que es como se consiguen las cosas. Como ya he dicho, me he propuesto ser empresario y tengo prohibido rendirme. Así es como sé que lo voy a lograr.

¿Y tú? ¿Sabes ya adónde quieres llegar? Piénsalo y empieza a labrarte tu camino al éxito.

-5-

MAMÁ ME DIJO: «TRÁTALAS COMO PRINCESAS»

Yo soy un gran defensor de las mujeres. Las dos personas que más quiero en el mundo son mujeres: mi madre y mi hermana. Todo lo que he aprendido ha sido de ellas, y también de mi abuela, que ha estado ahí cuando ha hecho falta, cuidándome.

Parto de esta reflexión para poner sobre la mesa un asunto del que hablamos mucho en grupo los chavales, que es el feminismo.

¿Qué es para ti ser feminista? Porque, aunque parezca mentira, todavía hay muchos jóvenes que no lo tienen claro. Personalmente, entiendo que el feminismo busca la igualdad entre los dos géneros, o entre los géneros que haya, que me pierdo un poco. Aunque quizás lo correcto sería la igualdad y el respeto entre personas, y ahí entramos todos.

En el mundo en el que vivo hay muchos chicos con la mente poco abierta en estos temas. Todavía se ve mucho machismo en los hogares, en el trabajo y en la calle, y eso es algo contra lo que todos deberíamos luchar. Al menos, yo lo hago. Y para empezar, me dirijo a ti, mujer, porque la lucha comienza contigo.

Creo que lo primero que tenéis que hacer las chicas es respetaros entre vosotras, porque, aunque haya momentos dedicados a la mujer, como el 8M, que es merecido, lo que importa es lo que se demuestra en el día a día. A mí me encanta que el 8 de marzo se reivindique el papel de la mujer, pero me llama mucho la atención que muchas chicas lo celebren y al día siguiente estén insultando a otras con palabras como *puta* o *zorra* por líos de pareja o envidias. Y también me sorprende la forma fácil que tienen de criticarse mutuamente por sus maneras de vestir, peinarse o actuar. No entiendo mucho ese feminismo en el que las chicas quieren empoderarse pero luego son las mayores enemigas entre ellas. Es vergonzoso.

En mi opinión, lo primero que tienes que hacer tú, si eres mujer, es respetar a tus semejantes, porque, si no lo haces, ¿cómo vas a pretender que lo hagan los chicos con vosotras? Deberíais tomar la iniciativa a favor de ese cambio de mente que el mundo necesita porque ya sabéis que a los hombres (no a todos, afortunadamente), por naturaleza, nos cuesta mucho más actualizarnos en este sentido. Llevo tiempo observando las reacciones a mi alrededor, los discursos feministas y todo lo que acarrean, y he llegado a la conclusión de que, si no se respetan entre ellas mismas, les va a costar mucho más conseguir el respeto de sus compañeros y amigos del otro género.

Todos tenemos que luchar por la igualdad, para que cada persona tenga su sitio independientemente de su condición. Debemos poner de nuestra parte, empezando por las propias mujeres. Empezando por ti. Recuerda que lo primero es respetar a las demás y después luchar por el respeto de todo el mundo.

Sinceramente, creo que el concepto de feminismo hoy día está mal enfocado. Mis colegas y yo hemos hablado de esto varias veces, y lo que hemos sacado en claro es que, en lugar de buscar la igualdad, parece que la sociedad y las leyes siguen pensando en sobreponer a un género sobre otro, ya sea el del hombre o el de la mujer. Y de ahí vienen los problemas.

Algunas veces me piden consejo sobre este asunto, y yo siempre les digo que a una chica hay que tratarla siempre como a cada uno nos gustaría que nos tratara ella. El respeto es lo primero. Pero debe ser mutuo; es decir, si una mujer no te respeta, tampoco te dejes humillar. Si tú tratas bien y con respeto a una chica pero le consientes que te insulte o incluso te agreda, llegará un momento en el que no sepas controlar la situación. Habrás perdido la dignidad y puede que, al final, también los papeles y tus principios.

Por eso te digo que, a la mínima falta de respeto que tengan contigo, sea hombre o mujer, sal de ahí. Y si es tu pareja, corta por lo sano. Las personas tenemos que respetar y exigir que nos respeten. No se puede permitir vivir situaciones indignas.

¿Por qué digo esto? Porque muchas veces, entre broma y broma, zas, se suelta una falta de respeto, y luego otra, y otra. Al final, el contexto de risa se vuelve violento y las cosas pueden acabar muy mal. Y no, tío, no hay que dejar que se llegue a eso.

No pienses que el feminismo es creerte superior

Para mí el feminismo es básico, pero hay que entender bien su significado para ponerlo en práctica. Creo en la igualdad de todos los seres humanos y pienso que debemos pelear para que esto sea así. Pero algo está fallando. Ser feminista no es lo que algunos piensan, no es que ahora las mujeres deban ser superiores. Muchos chavales creen que las chicas se están aprovechando de los discursos feministas para sobreponerse a los hombres y, como saben que la ley las ampara, a veces juegan sucio, siendo ellas las que provocan a los hombres con humillaciones para que estos se pongan a su altura, haciendo denuncias falsas e incluso agrediendo, sabiendo que, si ellos les devuelven la agresión, tienen todas las de perder. Ejemplos como estos son los que hacen que el feminismo no se tome enserio y el machismo siga creciendo.

Yo, que he presenciado episodios machistas desde pequeño, no se lo deseo a nadie. Ojalá nunca lo vivas, ojalá no tengas que ser testigo de cómo un hombre maltrata a tu madre y a tu hermana. Suena duro, pero parece que, hasta que no lo ves con tus propios ojos, no aprecias lo necesario que es luchar a favor del feminismo. Pero el feminismo de verdad. No es justo que las mujeres se beneficien de la nueva ola feminista para acusar falsamente a hombres de daños que no les han causado. Hacer eso es muy mezquino y no va solo contra el hombre al que se intenta perjudicar, sino contra todas las mujeres que realmente sufren situaciones así. Mujeres que se sienten acorraladas, llenas de miedo, y que terminan heridas por fuera, rotas por dentro y, en los peores casos, muertas.

En realidad, después de darle muchas vueltas, veo normal que los chavales piensen que tienen menos derechos que las chicas. Cuando un hombre recibe golpes o agresiones verbales por parte de una mujer, la respuesta de la sociedad no es la misma que si fuera al revés. Pero ni se te ocurra defenderte físicamente, aunque ellas te hayan pegado primero, porque de cualquier forma estarás perdido. Nosotros somos más fuertes que ellas por lo general y, al final, lo que no has empezado tú, que eres hombre, lo acabarás pagando.

Sal de esa relación, sea familiar, de amistad o de pareja, porque, aunque nos gustaría tener más derechos cuando una mujer nos ataca física o verbalmente, creo que a día de hoy el camino más fácil y seguro es pedir respeto. Y si no lo acepta, aléjate antes de ponerte a su nivel y arriesgarte a salir escaldado.

Te pondré un ejemplo con algo que me pasó a mí, para que entiendas lo que quiero decirte:

Un día, por una tontería, me encontré frente a frente con una chavala muy enfadada que me recriminaba mi relación con los amigos. Para no discutir, me di media vuelta y marché en otra dirección, pero ella me siguió, diciéndome cosas muy feas, que yo consentí. Sin embargo, de pronto se metió con mi madre y entonces la encaré. Había encontrado mi punto débil.

No sé si pensó que podía agredirla, algo que para nada se me había cruzado por la cabeza, pero lo que pasó a continuación me dejó sin palabras. La chica se abalanzó sobre mí, me pegó llena de rabia y me dejó toda la cara marcada. Ni siquiera me defendí, solo quería liberarme de ella y salir de allí. Pero ¿qué hubiera pasado si le hubiera devuelto algún golpe? O mejor aún, ¿qué hubiera pasado si ella hubiera ido diciendo falsamente que fui yo quien le pegué primero?

Después de esto, solo me queda darte un consejo:

Si eres chico, te digo que no menosprecies el feminismo, porque es una fuerza imparable, y haz lo posible porque el mensaje se extienda.

Y a ti, amiga, te pido que no abuses de ese movimiento que se ha creado a vuestro favor y respeta. A ti misma, la primera; a las compañeras, siempre, y a los chavales, después. Hagamos por entendernos y buscar la unión.

-6-

RESPETA Y
TE RESPETARÁN

Todos queremos tener una relación de pareja bonita. Buscamos a esa persona con la que sentirnos bien y con quien compartir momentos especiales, pero no siempre acertamos. Muchas veces elegimos mal, nos dejamos llevar por una relación tóxica y somos infelices. Y eso no se puede mantener en el tiempo, porque nos hace peores personas. Aquí se trata de lo contrario, de ser mejores cada día.

¿Qué es lo que debemos tener en cuenta antes de iniciar una relación amorosa?

En primer lugar, que esa persona tenga buen corazón. Pero el amor es caprichoso, y también podemos enamorarnos de alguien que no es tan perfecto y tiene malas costumbres. En estos casos, está la posibilidad de hacerlo o hacerla cambiar. Pero si tu pareja, además de hacer las cosas mal, te incita a que seas como él o ella, te aseguro que no te quiere de verdad, porque quien te quiere busca tu felicidad, no tu ruina.

La segunda cosa que debemos tener en cuenta es que, ante una relación tóxica, de esas que restan y no suman, hay que dejar a un lado el corazón y pensar con la cabeza. Recuerda que te tienes que querer a ti mismo en primer lugar. Valórate, piensa en frío y sal de esa situación que te hace daño.

En tercer lugar, que quede claro que la mentira es el camino más seguro para que la relación se envenene. No mientas si lo que quieres es una pareja sana y sin desconfianzas, porque te puede pasar como a mí, que, cuando descubro algo que no cuadra, ya no puedo parar y tengo que llegar a la verdad como sea, con la consiguiente angustia. Y como yo, hay mucha gente.

La cuarta y última cuestión, pero no menos importante, tiene que ver con el sexo. Practica el sexo seguro y no hagas locuras. No juegues a la ruleta rusa con esto, porque no solo está en juego tu futuro, sino el de tu familia.

Este es un asunto muy importante y al que muchos no prestan la suficiente atención. Es una realidad que los chavales están cada vez más interesados en el sexo, pero, por el contrario, no se cuidan. Y no por falta de información, porque ahora internet nos permite, si queremos, resolver todas las dudas que tengamos. La cuestión es que los jóvenes de hoy pasan de todo y no se ponen condón, y así es como surgen las enfermedades de transmisión sexual y los embarazos no deseados.

Soy joven y sé lo que es tener un calentón, pero no podemos dejarnos llevar por el desenfreno, porque ese arrebato puntual puede cambiarnos por completo la vida. Y sí, entiendo que somos humanos y que es fácil dejarse llevar, pero no hay que volverse loco.

Mi consejo, amigo, amiga, es que intentes pensar con la cabeza. Sé listo y protege tu salud y la de las demás personas. Aunque en el sexo el deseo nos vuelva inconscientes, trata de ponerle siempre cordura a la situación. Tu futuro depende de las decisiones que tomas en el presente.

Mis experiencias no son, digamos, ejemplares. He tenido dos relaciones largas y las dos han sido tóxicas. No les echo toda la culpa a ellas, porque yo también cometí el gran error de consentir lo que no debía, y así es como luego exploté y actué de la misma manera que me hería. Y de esta forma no se consigue nada.

Además, a veces cometemos un error enorme, y es que buscamos una pareja porque evitamos quedarnos solos. Pero déjame decirte que la soledad no es tan mala como crees, *bro*. Y no hablo de soledad como sinónimo de «sentirnos solos» —no, por suerte, nunca me siento solo, tengo el amor de mi madre y mis hermanos, que lo son todo—, sino de saber estar solos y disfrutar conociéndonos interiormente. Yo he aprendido a apreciar la soledad, y hay que saber estar bien con uno mismo para estar bien con los demás y encontrar a la persona correcta.

La mentira y la desconfianza matan la relación

Como quiero que entre tú y yo haya confianza, te voy a contar una anécdota personal, por si te sirve de referencia.

Me encontraba en un punto de mi vida muy malo, uno de tantos. Estaba sin trabajo, y eso me tenía un poco alterado. Me había acostumbrado a la rutina del curro y a traer dinero a casa, y sabía que, cuando no había dinero, venían los problemas.

En esas estaba cuando conocí a una chica estupenda con la que empecé a salir. Como he dicho, me sentía inquieto y preocupado por mi situación económica, y ella enseguida me lo notó; entonces insistió en que me abriera y le contara lo que me rondaba por la cabeza. Cuando le dije que en casa lo estábamos pasando mal porque no entraba ningún salario, me animó a irme a Alicante, donde su padre tenía una empresa y podría darme trabajo. Me habló de un sueldo que estaba bien y que me permitiría pagar un alquiler y mandar algo a casa. Pensé que podría probar la experiencia y, si me iba bien, me traería después a mi madre y a mi hermana.

Le conté a mi madre lo que quería hacer y me dio todo su apoyo. Así pues, me fui con la chica dirección a Alicante, con parada en Elche para ver a su madre y pasar unos días con ella hasta que estuviera todo ya regularizado. Pero en el camino surgió el primer problema: mi novia había olvidado contarme que la pareja de su madre era un tipo agresivo.

Abro aquí un paréntesis para explicar que ella ya me había dicho que había tenido varias parejas, pero eso nunca me importó. Cuando me enamoro de alguien, nunca tengo en cuenta con cuántos novios salió antes de que apareciera yo en su vida. Y espero que ellas piensen igual y respeten mi pasado. Aunque lo común es que, si has tenido muchos novios o novias antes, no siente bien a la pareja actual, sobre todo en el caso de los hombres. Y no lo comprendo. No entiendo por qué a una mujer que ha tenido numerosas relaciones se la tacha de «ligerita», mientras que a un hombre que ha estado con muchas chicas se le considera un «máquina». De nuevo, la importancia de la igualdad...

Pero volvamos a la historia:

Antes de conocer a la pareja de su madre, mi novia me dijo que este tenía por costumbre agredir a los novios de su hijastra. «¿Y por qué me cuenta esto cuando estamos ya de camino a Alicante?», pensé. Ahí se me empezó a resquebrajar la confianza.

Lo que pasó después no lo vi venir. En el tiempo que esperaba que el padre de mi novia me llamara para trabajar en Alicante, me dediqué a adecentar la casa de la madre, pues la mujer padecía depresión y tenía muy descuidada la vivienda; lógicamente, su cabeza estaba más ocupada en otras cosas... La cuestión es que en esas condiciones no se podía vivir, y me dispuse a echar una mano con la limpieza. Pero los días pasaban y la situación se volvió rara. Convivir con un borracho peleón no es nada fácil (que me lo digan a mí, que ya pasé por un episodio similar); sin embargo, intentaba poner mi mejor cara. Al fin y al cabo, no era mi casa y me estaban dejando quedarme allí. Pero una mañana, todo saltó por los aires.

Mientras miraba el móvil en un bar, este tipo llegó y me arreó una hostia en la cabeza sin mediar palabra. Mi reacción fue también violenta y nos enzarzamos, hasta que llegó la policía y nos separó. Ninguno de los dos quiso denunciar. ¿Y cuál creéis que fue la reacción de mi novia, por la que había dejado a mi familia y mi ciudad? En lugar de apoyarme, me llamó loco. Me dijo que, por haber reaccionado así, ahora viviríamos con miedo, porque ese hombre iba a querer matarme.

Al día siguiente, decidido a no volver a pasar por lo mismo, cogí mis maletas y me fui de esa casa. Estuve caminando por Elche sin parar de llorar, sintiéndome muy solo y maltratado. La que era mi novia salió detrás de mí rogándome que me quedara, pero necesitaba pensar y le pedí que me dejara a solas. Para mi sorpresa, cuando la llamé unas horas más tarde, me dijo que estaba en un autobús camino de Toledo.

Aquella noche dormí en un portal. No tenía ni un euro para pagarme el billete de vuelta. Por suerte, a la mañana siguiente, me acordé de que tenía un amigo en Alicante. Lo llamé, vino a por mí y me dejó quedarme en su casa hasta que reuní dinero trabajando unos días para regresar con mi familia.

Tendría que haber aprendido la lección, pero no lo hice. Con el tiempo, me topé con aquella chica en un bar. Se acercó a mí llorando, pidiéndome hablar, y yo le hice caso y acabé perdonándola. ¿Por qué? Si te digo la verdad, no encuentro explicación. Seguro que has vivido situaciones parecidas a las que no logras dar sentido alguno. Pero hay una frase que viene como anillo al dedo: «El corazón tiene razones que la razón desconoce».

Cuando se pierde la confianza en la pareja, es inútil retomar la relación, porque ya nada será como antes. Volví con ella sin ninguna fe después de lo ocurrido en Elche, y en contra de los consejos de mis amigos, pero me dejé llevar por lo buena persona que era. Ahora

pienso que debía haber hecho caso a toda esa gente que me advirtió, porque a veces desde fuera se ve todo con una mejor perspectiva.

Claro, es fácil decirlo, pero, cuando te enamoras de alguien, quieres creer que todo va a mejorar. Ella se tatuó mi nombre con nuestro número y aquello me ganó. Fue mi primer gran amor y todavía la quería. Así que acabé dándole otra oportunidad.

Pero aquella vez tampoco funcionó y ahí la mentira tuvo la culpa. Odio a la gente mentirosa porque desde niño he vivido entre mentiras y soy un superviviente de esto. No puedo soportarlo, me hace mucho daño. Y el problema es que aquella chica me mentía mucho, tanto en asuntos serios como en pequeñeces. Claro que ella no contaba con que yo soy muy espabilado y cazo al vuelo las historias que no cuadran. Me doy cuenta de todo, analizo cada detalle y descubro la mentira al instante. Supongo que me he vuelto experto después de todo.

Así que eso fue lo que terminó de romper la confianza entre los dos, porque, cuando alguien te miente a menudo, terminas por no creerle en nada. Todo lo cuestionas, en todo desconfías. Y de esa manera se va creando una relación tóxica. Ante ello, lo mejor es cortar la relación y encarar la vida con otra mirada. Es lo que hice.

Es bueno reflexionar sobre las relaciones de pareja entre jóvenes y compartir las experiencias, buenas y malas, porque podemos aprender mucho los unos de los otros. Pero lo importante es no dejarse maltratar por nadie ni ser tú quien provoque una situación violenta. Busca la persona que encaje contigo. Todos tenemos una idea de cómo tiene que ser. Y tampoco te precipites, ya aparecerá la mujer o el hombre de tu vida. Quizá no estés en el mejor momento y tengas otras prioridades. En mi caso, ahora tengo un montón de proyectos, mucho trabajo y poco tiempo. Vivo con mi madre y mi hermana, y no tengo intención de independizarme. No estoy diciendo que cualquier día pueda conocer a una chica especial de la que me enamore, pero debe saber cuáles son mis objetivos y respetarlos. Para mí es indispensable que sea familiar y encaje bien con las mujeres de mi casa. Que conozca nuestra historia y entienda que cargo con muchas mochilas.

No soy fácil, lo sé, pero me gustaría que esa persona tuviera las ideas tan claras como yo: que quiera trabajar, tener proyectos, ganas de avanzar, de moverse y, sobre todo, de reír. Si en una relación no hay risas, todo se vuelve oscuro. ¿No crees?

-7-

LAS DROGAS
SON AMIGAS
TRAICIONERAS

Hablar de drogas me produce mucho dolor, porque he convivido con ellas desde niño y sé que han sido las culpables de los peores momentos de mi vida.

Conviene que sepas que las drogas no son solo la heroína, la cocaína o la hierba. El alcohol y el tabaco, también. Aunque el tabaco no te haga perder el control y no sea ilegal, igualmente te vuelve adicto. Y no te dejes atrás los esteroides anabólicos, porque a lo mejor, sin darte cuenta, con tal de verte bien en el gimnasio, te estás enganchando a eso y poniendo en peligro tu salud. Tampoco pases por alto los inhalantes, porque también a muchas personas les da por esnifar pegamento y un montón de sustancias aparentemente inofensivas que, en realidad, no lo son. Y, por supuesto, los medicamentos, como las famosas metanfetaminas y, prepárate, el fentanilo. Ese medicamento que está causando estragos en los Estados Unidos y que he oído que está ya a las puertas de nuestra casa.

Las adicciones son malas para todos. A lo largo de mi vida he conocido varias, y te aseguro que, cuando eres niño, es terrible convivir con ellas: el alcohol, las pastillas, el juego... Vicios que transforman a las personas que aprecias en seres irreconocibles.

Muchos jóvenes no son conscientes de que nuestro cerebro sigue creciendo hasta, por lo menos, los veinticinco años, y consumir drogas antes de esa edad puede alterar nuestro desarrollo y fastidiarnos la vida. Nos nubla el pensamiento, dejamos de tomar decisiones acertadas y nos lleva a cometer errores tan tontos como no tomar precauciones en el sexo o conducir como locos y provocar accidentes en los que podemos morir, quedarnos inválidos o matar a alguien.

Según los psicólogos, yo tenía todas las papeletas para convertirme en un drogadicto porque cumplía unas características muy comunes: me he criado rodeado de maltrato y he sufrido situaciones muy duras. Un patrón que suele derivar en adicciones. Pero se equivocaron: no tomo drogas, no fumo y apenas bebo. Y como ya te he dicho en alguna ocasión, si yo he podido hacerlo, tú también puedes.

Veo a mi alrededor mucho chaval que vapea, que fuma tabaco o marihuana, o que va siempre bebido. Cuidado con esto. Parece divertido, pero es más peligroso de lo que crees. No lo tomes a broma y sé sensato, podrías incluso morir de repente por un fallo en tu organismo. No sería el primer caso...

Sé que a muchos ni siquiera os gusta esto de la droga, que la probáis porque otro chaval os incita a hacerlo y no sabéis decir que no. También porque os hace sentir bien y, si tenéis ansiedad o estáis estresados en casa o en el trabajo, consumir os alivia. Y en el caso del gimnasio, tomáis mierdas para inflaros los músculos. En el momento puede parecerte una pasada lo que ves o sientes, pero a la larga te vas a arrepentir.

Y ya ni te cuento si entras en el lado oscuro de esos estupefacientes que te dejan fuera de combate, esos que consiguen que no seas tú, que te vuelven dependiente y hacen que necesites tomarlos a como dé lugar. Me refiero a esas drogas que te llevan a robar en casa, a tus amigos, a tu novia o a quien pilles por la calle, con tal de conseguir dinero para pagarle al camello de turno tu dosis de pastillas.

Conozco a algunos chavales que han terminado en la cárcel por verse en esos líos, y lo que percibo de ellos es que no se quieren a sí mismos, pero tampoco a los demás, a esas personas a las que les importan, como su familia. Y al final, terminan solos, tirados en una calle o, como digo, entre rejas. ¿Tú quieres eso?

¿Eres listo o no eres listo?

Esta pregunta te la tienes que hacer constantemente y, por supuesto, contestarla. Y también las siguientes: ¿soy más listo si fumo? ¿Qué gano? ¿Qué pierdo? Coge un papel y empieza a escribir, a ver qué te sale. Si, después de todo, concluyes que es mejor no fumar y, sin embargo, sigues fumando, vuelve a la primera pregunta: ¿soy listo o no soy listo? Respóndete y replantéate tu vida.

Con el alcohol pasa lo mismo. Pregúntate qué te trae bueno y trata de darte una respuesta convincente. Cuando bebes mucho, pierdes tu personalidad, ya no eres tú y dices tonterías. Y luego, al día siguiente, no te acuerdas de nada de lo que has hecho e incluso te da vergüenza ponerte frente a la gente a la que, seguramente, diste la noche con tus payasadas. Pero esto no es lo peor, y lo sabes.

Si bebes sin control, puedes tener un coma etílico, y eso son palabras mayores, o tener algún tipo de problema que rompa tu futuro, o incluso perder la vida. Además, el alcohol también cuesta dinero, mucho dinero. Emborracharse no es barato precisamente, y encima te puede volver agresivo y llevarte a buscar pelea con cualquiera, sin medir las consecuencias de tus actos.

¿A qué te conduce eso? A nada. Beber alcohol sin medida solo te traerá problemas. ¿Entonces? Es simple: cuestiónate si eres listo o no. O dale la vuelta a la pregunta: ¿qué aporta de bueno no beber? Si estás de fiesta con los colegas, no necesitas emborracharte o consumir drogas para pasártelo bien y, al día siguiente, podrás acordarte de todo. Con la cabeza despejada, te reirás con los tuyos y no molestarás a nadie a tu alrededor, amén de que te gastarás menos dinero y no tendrán que llevarte a tu casa hecho un trapo.

Pon los pros y los contras en una lista y decide lo que te conviene. Todo empieza por quererse a uno mismo, porque, cuando no te quieres, es más fácil perderte en una adicción. Mira por tu bienestar y di no a lo que te hace daño.

En mi familia, por ejemplo, todos fuman, y mis amigos, también. En cambio, yo no he probado el tabaco en mi vida, porque sé lo que quiero y lo que no. ¡Y no será porque no me lo han ofrecido veces! Siempre habrá algún diablillo intentando convencerte para que te unas a él y compartáis unos cigarros. Pero, en ese caso, tienes que ser tajante y fiel a tu personalidad, y decir: «Si yo respeto tus hábitos, respeta tú los míos».

Si tus amigos te incitan a beber alcohol o consumir sustancias continuamente, piensa que quizá no son tan amigos, porque, si lo fueran, no pretenderían coaccionarte. De todo se saca una lección, y lo que puedes aprender de aquí es a elegir bien tu compañía. Una compañía que te respete y no te impida crecer.

Por otro lado, quiero dejar claro que, cuando me refiero a no beber ni fumar, no significa que alguna vez no puedas beberte una cerveza o un cubata, o fumarte un cigarro, estando de fiesta (no para el caso de las drogas ilegales; a estas diles automáticamente no). Simplemente, no permitas que nada te atrape y te haga su esclavo. Debes estar alerta, y más aún cuando hay personas que te toman como referente, como, por ejemplo, un hermano pequeño.

En cualquier caso, si te has excedido e intuyes que estás entrando en un bucle de adicción, mi consejo es que acudas a tu familia y juntos busquéis soluciones. Y si algún amigo está pasando por una situación similar, intenta ayudarlo. Hay algunas señales que nos pueden hacer ver que algo está fallando con nosotros o con los que tenemos cerca. La gente que se sumerge en ese lado oscuro cambia a menudo de compañía; empieza a pasar mucho tiempo en soledad; se muestra triste o cansado; no se preocupa por su aspecto ni de su aseo personal, y se irrita fácilmente.

Un autodiagnóstico muy útil es hacerte a ti mismo preguntas del tipo: ¿por qué me dicen que tengo estos cambios de humor tan raros? ¿Cómo he podido olvidar una cita de trabajo si tan importante era para mí? ¿Cuántas veces he faltado a clase este mes? Las respuestas que te des pueden ser clave para sospechar que algo te está pasando. Y si tiene que ver con adicciones, hay que atajar el problema de raíz. En eso, las terapias son muy eficaces, y también los talleres y charlas en grupo en los que se destapan los peligros de la droga y consiguen abrirnos los ojos.

Lo ideal sería que nunca cayeras en ese pozo; pero, si ya estás dentro y no sabes cómo salir, no temas reconocerlo. No sientas miedo ni vergüenza. Eres mucho más valiente si lo afrontas y le pones remedio cuanto antes. Y recuerda que siempre habrá alguna mano dispuesta a levantarte y ayudarte a superarlo.

La droga es una amiga traicionera que no te aprecia, y el alcohol tampoco es ese gran compañero de salidas que muchos creen. Apártate de la mala vida y rodéate de personas que te valoren y respeten tus decisiones. Y el primer amigo al que tienes que dar una oportunidad es a ti mismo. Habla contigo, conócete y quiérete. Quiérete mucho, por favor.

-8-

EL VALOR DE
LA AMISTAD

Una vez leí que somos el promedio de las cinco personas que nos rodean. ¡Qué importante es elegir quiénes formarán parte de tu círculo! Si lo haces bien, contarás con un amigo que te hará crecer como persona y te animará a estudiar, trabajar. Alguien que te apoyará en los momentos duros y se divertirá contigo en los buenos.

Es importante rodearse de personas que nos hacen bien, cuya presencia siempre suma y nos saca nuestra mejor versión. No digo que sea fácil, pero sí que es una tarea importante y debes ponerte a ello, con precaución y procurando no equivocarte. Y para eso, tienes que diferenciar muy bien entre quién te quiere y quién te usa. Reflexiona sobre esto a partir de las siguientes preguntas: ¿crees que alguien que te anima a faltar una y otra vez a clase quiere algo bueno para ti? ¿Está apostando esa persona por ti, para que tengas un buen futuro? ¿Está pendiente de ti para que hagas algo productivo? Repasa tu lista de amigos y responde estas cuestiones para cada uno de ellos.

Hay que apostar por esas amistades que te animan a estudiar, que se interesan por tus problemas y te ofrecen su ayuda. Intenta tener cerca a gente que busque divertirse pero que antes deja sus responsabilidades resueltas. Elige a aquella persona que te motive a crecer personalmente y a aprender cosas nuevas que puedan servirte en el futuro, y evita a la que te insta a saltarte las clases, que tira de ti para llevarte al parque a fumar y que te mete en líos de los que luego, te lo advierto, tendrás que salir solo.

Por mucho que te digan, por mucho que te juren, aprende desde ya a distinguir en tu entorno quiénes son amigos de verdad y a quiénes les da igual lo que te pase, porque estos no te tienen ningún cariño en realidad. Piénsalo. Abre los ojos y observa. Al final, cada uno debe tener su personalidad y pensar qué es lo mejor para su vida, y no tiene por qué coincidir con tus propósitos. Por eso espero que seas de los que apuestan por ser fieles a sí mismos y no te dejes influir; que seas valiente, un campeón o campeona, y que termines por escoger el camino correcto con los mejores compañeros de viaje. Es fundamental que te sientas orgulloso de cómo es tu vida y transmitas ese orgullo a todos los que te quieren.

Yo valoro mucho la amistad. Incluso creo que es más importante tener buenos amigos que parejas. A fin de cuentas, los novios vienen y se van, pero los amigos, si son de verdad, estarán contigo para siempre.

Esto lo aprendes después de darte un buen batacazo con el primer amor, ese que creías que iba a ser eterno y que, de un día para otro, se acabó. Luego, viene el segundo, y también termina. Y entonces te das cuenta de que quienes permanecen en cada ruptura a tu lado son tus amigos, esos mismos que recogen los trozos de tu corazón roto.

¡Vale, sí! Me estoy poniendo un poco cursi, pero es la verdad, ¿no? Los amigos y las amigas que te quieren están ahí para levantarte, para apoyarte, para que no te sientas tan solo y vacío. Yo me he visto muy arropado por ellos siempre, y la mejor forma de agradecérselo es cuidando de esa amistad y valorándolos. Y esto me vale tanto para chicos como para chicas, porque, no sé tú, pero yo soy de los que piensan que un chico y una chica pueden ser amigos; incluso a veces dos personas congenian mejor si son de distinto sexo. Conozco muchos casos. En el mío, puedo decir que tengo buenas amigas, aunque mi círculo más cercano esté compuesto por chicos. Somos cinco y llevamos muchos años juntos, hasta construir una amistad muy bonita y fuerte.

Volviendo a lo de antes, no se puede negar que, a veces, en la amistad entre chico y chica pueden producirse malentendidos. A mí, en alguna ocasión, me ha pasado que alguna amiga ha querido tener conmigo otro tipo de relación y surge una situación un poco tensa. Si esto te sucede, tienes que explicarle a la persona que lo vuestro no es posible y pedir disculpas por si hemos hecho algo que le ha confundido. Pero también me ha pasado a la inversa y he sido yo el que se ha equivocado y se ha declarado a una amiga que me ha tenido que poner las cosas claras. Cuando eso ocurre, lo mejor es aceptarlo e intentar no perder la amistad.

Mi consejo es que escojas siempre lo que te haga feliz, evitando hacer daño a otras personas. Es verdad que, desgraciadamente, algo de sufrimiento provocarás si alguien se ha colado por ti sin ser correspondido, pero intenta al menos ser comprensivo ante eso.

No es fácil hacer amigos de verdad, ni tampoco introducir gente nueva en tu grupo, sobre todo cuando se trata de una pareja. Así que date tiempo antes de compartir tu círculo sagrado de la amistad.

No dejes tirado a tu amigo ni permitas que él lo haga contigo

Una cosa con la que no estoy en absoluto de acuerdo es que, cuando una persona se mete en temas turbios, sus amigos opten por alejarse y dejarla sola. Porque en eso no consiste la amistad.

No dejes tirado a tu amigo, a tu amiga, si está en problemas, porque quizá solo te tiene a ti para aprender y cambiar.

Soy muy joven, pero a mi edad he comprendido que, a lo largo de la vida, puedes tener amigos con buen corazón pero que, por circunstancias, se desvían del camino correcto, sin que ello te impida dejar de quererlos porque, en realidad, contigo son buenos. Entonces se produce un choque, un conflicto en tu interior, porque, si sus actos no están dentro de tus valores, te chirrían.

¿Qué hacer en esos casos? Lo primero, no seguir su camino nunca, no dejarte llevar por esa persona y mantenerte firme con tus principios. Lo segundo, hacerle ver que se está equivocando con sus decisiones y darle argumentos para que deje los malos hábitos y te siga a ti. Si, cuando le estás diciendo que no actúa bien y que la manera de hacer las cosas es otra, te desprecia, no está dispuesto a cambiar (ni siquiera a reflexionarlo un poco) y sigue intentando que seas tú el que lo acompañe a él en su desvío, tendrás que tomar una decisión.

Hay que ser consciente de que alguien que te incita a hacer cosas malas no te quiere a ti, sino solo a sí mismo. Y ese no es un amigo de verdad. Si lo fuera, te diría que no puede seguirte por cualquier razón (por falta de voluntad, quizá), pero nunca querría que tú te sumaras a su desgracia. ¿Comprendes?

Esto suele pasar a menudo con aquellos que tienen una adicción fuerte. En mi opinión, ninguna de estas personas puede ser de fiar. Y no porque sean malos, sino porque un adicto no piensa más que en sí mismo. No actúa bien ni elige bien, y te arriesgas a que te mienta, te robe o te ponga contra las cuerdas por su propia necesidad. Debes ser precavido en estos casos. Y si esa persona que dice que le importa tu amistad te incita a acompañarlo en su destrucción, hazte la pregunta que yo suelo hacerme: ¿a dónde me va a llevar si lo pruebo, a un lugar bueno o malo?

Te pondré como ejemplo el tabaco. Cada vez que me tientan con los cigarros, me pregunto qué me aporta fumar: gasto dinero, mis pulmones se llenan de hollín, no voy a poder hacer deporte porque tendré poco aguante, mi ropa apestará, etc. Y luego me planteo qué es lo que me aporta no fumar: tendré mejor salud, mis pulmones me permitirán respirar mejor, podré hacer deporte sin ahogarme, oleré bien y, encima, esa barbaridad de dinero que cuesta cada paquete de tabaco lo puedo invertir en viajes o en otros placeres más sanos.

Como ya digo, este es solo un ejemplo, pero se puede aplicar a cualquier cosa. Lleva contigo siempre esta pregunta cuando tengas dudas sobre hacer algo o no: ¿esto me va a hacer mejor persona o me va a aportar beneficios para vivir mejor?

La amistad es la familia que se elige y, como ocurre en todas las familias, hay que buscar lo mejor para cada miembro. Por eso creo que, si vemos que algún amigo se está equivocando en sus decisiones, debemos echarle una mano para que se reconduzca. Si ves que se deja ayudar, te escucha y va progresando, ¡no te rindas y sigue tirando de él para que podáis triunfar juntos! Yo he tenido amigos que se han ido a robar y, como eso es algo que no comparto, he luchado una y otra vez para que lo dejaran. Es más: uno de ellos ahora se encuentra interno en un centro de menores, y aun así no lo he dejado de lado. Hoy en día se ha sacado la ESO, está trabajando y estoy seguro de que, cuando salga, tendrá otra mentalidad. Eso me hace sentir bien.

Por el contrario, si ves que no se deja ayudar, que te impulsa a que lo sigas y solo te trae problemas y ningún avance, sé coherente contigo y di adiós a tiempo. Y sí, suena duro, pero es cuestión de supervivencia, porque esa persona puede estar aprovechándose de tu buen corazón; así que no te dejes manipular. Sabrás cuándo merece la pena tender tu brazo, ya que los buenos amigos no buscan hundirte jamás.

-9-

HABLANDO DE SALUD MENTAL: SI ESTÁS RAYADO, BUSCA AYUDA

Desde que nos confinaron durante la pandemia, vengo escuchando que los jóvenes tenemos ahora muchos más problemas de salud mental que antes. Aunque parece que no es solo en España, sino que se da en toda Europa; lo que me lleva a preguntarme qué es lo que está fallando. Y lo que percibo es que hay falta de autoestima y serias dificultades para sobrellevar la soledad.

Las redes sociales son actualmente uno de los medios de moda más efectivos para socializar, pero, en la otra cara de la moneda, también afectan peligrosamente a nuestra salud mental, puesto que crean la necesidad de gustar y que vayamos buscando *likes* por cualquier publicación que hagamos sobre nosotros mismos, y, si no los obtenemos, nos planteamos si nuestra vida es lo suficientemente buena. Además, en ellas se le da una importancia brutal a la imagen y, con eso, surgen las comparaciones. Conozco a muchas chicas que, con tal de estar delgadas como muchas *influencers*, enferman, poniendo en riesgo su salud. También a chavales que se obsesionan con parecerse a esos tipos fibrados que marcan abdominales en sus fotos de Instagram, y para conseguirlo recurren a cualquier método, incluso algunos perjudiciales.

Pero no hay que irse a la realidad virtual para darse cuenta de que los problemas de salud mental pueden generarse en cualquier contexto, e incluso a cualquier edad. El *bullying* en el colegio o instituto es el primer paso para destruir la autoestima de un niño o un joven. De ahí a la depresión hay un paso. Y ya sabemos que, en la depresión, los pensamientos intrusivos se vuelven fuertes y pueden llegar a gobernar en tu vida y llevarte a tomar decisiones equivocadas.

Se habla mucho de la salud mental hoy día, pero la mayoría de las personas no se conciencian de la gravedad del asunto. ¿Que en qué me baso? En que he visto que hay montones de «quedadas» para hablar de este tema y la gente pasa, no va, no se implica. Parece que no les importa, y creo que es porque no se abren a la vida y no quieren ver la realidad. Eso sucede sobre todo entre los jóvenes; hay chavales cerrados que, a pesar de estar sufriendo por dentro, no intentan solucionar sus problemas y les da vergüenza pedir ayuda.

No digo todos. Seguro que muchos sí se preocupan y buscan la manera de superar los malos rollos antes de pensar en cometer una locura, pero lo cierto es que una gran parte rehúye. Cuidado, toma las riendas de tu vida antes de que sea ya demasiado tarde. No pierdas ni un minuto más.

Los adultos dicen que somos la generación de cristal porque no tenemos aguante y nos acusan de ser frágiles porque nacimos con la tecnología y, a través de las redes sociales, creamos vínculos que no son reales, lo que nos convierte prácticamente en personajes de ficción. Vamos, que vivimos en una realidad paralela y virtual donde casi todo es posible, lo que hace que toleremos menos la frustración; por eso, cuando algo que queremos no lo podemos conseguir, nos deprimimos y pensamos en el suicidio.

Esa es la etiqueta que nos han puesto a los que hemos nacido en el siglo XXI, pero no estoy de acuerdo en meternos a todos en el mismo saco. Mi caso es clave para tirar por tierra eso de la generación de cristal, aunque no voy a negar que algunos encajan bastante bien en la definición.

Yo he vivido de niño carencias, he sido objeto de malos tratos, he visto cómo mi madre era humillada, me han arrancado de sus brazos para llevarme a un centro de menores, me he visto obligado a buscarme la vida desde muy joven, he tenido que dejar de estudiar... Y, sin embargo, no me he roto. Evidentemente, no soy de cristal. Y tampoco creo que tú lo seas.

Por otra parte, veo a mi alrededor a muchos chavales que no dejan de exigir, que lo quieren todo al instante y sin que les suponga ningún esfuerzo, y, si no lo obtienen, sufren de un modo muy infantil y entran en un bucle de tristeza. Estos casos se repiten con frecuencia, pero no son la mayoría. Por lo general, los jóvenes, todo lo más, demandan un poco de atención y cariño.

Eso último es elemental: el cariño. ¿Por qué crees que yo, a pesar de lo vivido, no me he rendido? Porque he tenido cubierto lo principal para no caer en un pozo sin salida: el amor. A diferencia de los adultos, no creo que los problemas mentales de los jóvenes tengan que ver con cuestiones económicas, sino con la falta de cariño. Los chavales que tienen ese vacío son mucho más frágiles y se rompen fácilmente.

Y a eso se suma que vivimos en una sociedad que se empeña en no entenderse, y eso nos divide y crea broncas entre unos y otros: hombres y mujeres; jefes y trabajadores; padres e hijos... Sin darnos cuenta, estamos llevando una filosofía de vida que nos enfrenta constantemente unos contra otros y nos destruye.

Si los padres se separan, que los hijos no se sientan culpables

Las separaciones de los padres también afectan mucho a la estabilidad mental de los hijos, aunque hay que entender que a veces son necesarias. Ahora bien, lo que sí me parece fundamental es que los padres, aunque se separen, sigan respetándose. Unos padres que utilizan a los hijos en sus enfrentamientos les ocasionan un problema grave. Estos empiezan a creer que la guerra entre ellos es más importante que su bienestar, y con tal de llamar la atención hacen barbaridades, como autolesionarse, para que sus padres dejen de discutir y se unan por un momento para ayudarlos o tan siquiera escucharlos.

Pero no todo acaba ahí en una separación. También nos sienta mal, por ejemplo, que nuestros padres rehagan su vida muy rápido y nos metan en el entorno familiar un novio o una novia a los

pocos días de romper la relación, sin contar con nuestra opinión. También que salten de relación en relación y tengamos que conformarnos con que personas extrañas se cuelen en nuestra vida.

Mi consejo es que intentes hablar con tus padres y les cuentes cómo te está afectando la nueva situación o hasta qué punto te produce infelicidad. Es mucho mejor que lo expreses a que sufras, porque luego siempre podrán escudarse en que no sabían lo mucho que eso te molestaba. Di lo que sientes y no dejes que se meta dentro de ti un virus que te va a destrozar.

Perder un amor

Estamos en una edad en la que todo nos parece un mundo, es verdad. Según vas cumpliendo años, ya vas restando importancia a algunas cosas, pero, cuando somos jóvenes, todo lo que nos sucede nos sobrepasa, sobre todo si tiene que ver con los temas del corazón.

La pérdida de un amor es algo superduro, especialmente el primero. Un día alguien me dijo que la diferencia entre el primer amor y el resto es que el primero creemos que será eterno. Cuando nos enamoramos por primera vez, no podemos imaginar que esa sensación se vaya a terminar. Pero sí, termina... Y si la que corta la relación es la otra persona, nos hundimos sin remedio. Dependiendo de tu autoestima, si es alta o baja, lo afrontas más o menos bien. En el peor de los casos, puedes entrar en crisis o incluso en una depresión. Y esto no hay que tomárselo a broma, porque la depresión es un trastorno mental grave que puede degenerar en suicidio o tentativa de suicidio. Cuando ves la situación con perspectiva, entiendes que un desamor no es para tanto; pero, mientras estás sumergido en ese dolor, la cabeza no razona.

Cuando pasa esto, hay que echar mano de la familia y de los amigos. Ni se te ocurra pasar el sufrimiento de una ruptura en soledad. Es mejor que te dejes querer porque será esa gente que te quiere quien se va a encargar de hacerte ver lo que vales y todas las cosas que el futuro tiene preparadas para ti. En la vida pasarás por muchos momentos, muchas pérdidas y muchas frustraciones, pero esta también te brindará grandes oportunidades. Así que no te quedes con el daño que supone una separación, porque el amor volverá a llamar a tu puerta.

Ese vacío que ahora te parece que no se va a ir nunca, que crees que no te va a permitir seguir adelante porque tu vida ha dejado de tener sentido, te lo irán llenando quienes te quieren y terminarás viendo de nuevo la luz. Lo dicen nuestros abuelos y llevan razón: el tiempo lo cura todo, y quizá sin esa persona tu vida es mejor de lo que piensas.

Esta etapa llena de subidas y bajadas que es la juventud también pasará. Lo importante es que aprendamos de cada obstáculo que nos encontremos y que tengamos las ideas claras. Veo la evolución en mis amigos conforme vamos cumpliendo años, y ahora lo que queremos es tranquilidad, tener nuestra casita, nuestro trabajo y nuestra familia. Ganar dinero y gastarlo en unas vacaciones con las personas a las que queremos. Al final, todos buscamos ser felices y descubrirnos a nosotros mismos. Y reconocernos y gustarnos cuando nos encontremos, claro.

Mucho más que una imagen

Hay muchos chavales y chavalas que están esclavizados por el físico. Una pena, porque descuidan otras cosas que son más importantes para mi modo de pensar.

El físico puede ser fundamental para algunas personas, no lo discuto; pero, independientemente de cómo seas (alto, bajo, delgado o gordo), te tienes que querer a ti mismo. Hay veces que una persona atrae más por la fuerza que desprende, su simpatía o su seguridad que por su cara o su cuerpo. Pero creo que todavía queda un largo camino hasta que esto cale en la sociedad; sobre todo, para el caso de las mujeres, que son las que más parecen sufrir por este tema, a la vez que son las primeras que lo provocan. Y es que las mujeres, a la hora de criticar, son mucho más crueles que los hombres y se meten unas con otras por el

aspecto, llegando a causar grandes males en quien recibe esas burlas o ataques.

De ahí viene luego esa enfermedad tremenda que es la anorexia. No tengo amigas que hayan padecido ese problema, afortunadamente, pero sí conocidas, y sé que sufren terriblemente. Jugar con tu salud solo por querer parecerte a las supermodelos es un error que trae consecuencias muy graves. No caigas, por favor. Tienes que comer bien y cuidarte, pero no por parecerte a nadie, sino por salud. A quienes te juzgan por tu físico tienes que contestarles con más seguridad, demostrando tu indiferencia a ellos con autoestima alta. Esa gente rabiosa no soporta a las personas que se quieren tal y como son.

En el caso de los chicos, el problema es el de los musculitos. Como digo, generalmente se da en hombres, aunque va apareciendo también en mujeres. Muchos colegas se pasan horas en el gimnasio y toman sustancias para estar cachas y poder lucir luego camisetas ajustadas. El ejercicio es bueno para la salud, pero, si lo llevamos al límite, se convierte en una obsesión.

Si te gusta estar musculado, cúrratelo, pero con cabeza. No pongas en riesgo tu salud y escucha tu cuerpo. Tu aspecto cambiará sin remedio con los años, la naturaleza pesa más que las barras del gimnasio, así que lo importante es que trabajes en tu interior, en gustarte como eres. Y si quieres entrenar, que sea por salud o porque simplemente te gusta el deporte.

El querer ser quienes vemos a través de las pantallas nos vuelve inseguros y puede generarnos un serio problema de salud mental. Pero atento a esto: tú eres mucho más que una imagen. Quizá esas personas a las que aspiras a ser están vacías por dentro, están pasando por problemas familiares, sus amigos no son de verdad o, por llevar esa vida de apariencias, sufren una ansiedad escondida que nadie ve pero que los está demoliendo interiormente.

Lamentablemente, hasta que esto haga mella en la sociedad queda un largo trecho, y seguirá habiendo suicidios de jóvenes por creer que no encajan en un mundo donde el aspecto es lo que prima y se enfrentan a una batalla interna muy dura y en soledad. Por eso, si sientes que las redes sociales te afectan a tu vida personal, que deseas ser constantemente otras personas, que te exiges demasiado para cambiar tu físico y que tu autoestima está baja, no dejes pasar más tiempo y pide ayuda para recuperar a ese chico o esa chica que siempre has sido y que tanto vale.

-10-

LANZARSE A LA RED
SIN RED

Tanto tú como yo hemos nacido en la época de internet y estamos al tanto de lo que es tendencia en redes sociales. Para ti puede ser un modo de evasión, de entretenimiento o quizá un medio para sacarte un dinerillo. Algunos se ganan la vida así, generando contenido para los consumidores de redes sociales, y lo consideran un trabajo como otro cualquiera.

Gracias a internet, a mí se me ha abierto una gran puerta. Primero, a la diversión, porque me parece un medio muy entretenido, sobre todo en lo que tiene que ver con las redes sociales, como TikTok. Empecé a consumir vídeos de esta plataforma porque me lo recomendó una de mis parejas y le hice caso. Al principio, solo lo utilizaba para compartir videos con ella y luego, cuando lo dejamos, seguí con la aplicación. Me pasaba ratos viendo cómo la gente subía videos de su vida y transmitía emociones, y un día quise probar yo también.

Empecé a subir algunos videos con mi familia, hablando de mí y de las cosas que me gustaban. Todo improvisado: si a lo largo del día me enteraba de algo o se me ocurría alguna anécdota para compartir con mis seguidores (que al principio eran pocos), lo grababa y lo subía instantáneamente (pocas veces he repetido tomas).

Y de pronto, uno de esos videos se hizo viral y mi vida dio un giro de 180 grados. Me empezaron a llegar llamadas y mensajes de todo tipo: de gente ofreciéndome su ayuda para buscar empleo, de la televisión y la radio para entrevistarme, de marcas para hacer colaboraciones... Todo así, de golpe. De la noche a la mañana me convertí en uno de esos creadores de contenido que yo seguía en las redes.

Sin embargo, aunque a mi alrededor han cambiado muchas cosas, por dentro todo sigue siendo igual: soy la misma persona que era antes de hacerme viral. El ser conocido no me ha hecho creerme mejor que nadie, ni tampoco especial. De hecho, me siento agradecido porque es a causa de la gente que mi video llegó a tantas visualizaciones. Por eso, cuando alguna persona me detiene por la calle, me paro a hablar con ella y, si me lo pide, le doy consejos de lecciones que he aprendido en la vida, tal y como expresaba en ese video que se ha hecho tan popular.

¿Y por qué? ¿Por qué es que han llamado tanto la atención las palabras de un chico como yo? Porque nadie se lo podría haber esperado. Nadie se hubiera imaginado encontrarse a un chaval con mis pintas haciendo una reflexión tan coherente y madura, diciendo que compaginaba dos trabajos para sacar adelante a su familia, hablando de lo que es la verdadera calle.

Y aquello resultó tan poco común que salté a los medios rápidamente. Triste, ¿no? Es una auténtica pena que mi mensaje sea un caso aislado entre los jóvenes de mi generación, pero por eso la gente lo aplaudió tanto, y toda esa aprobación pública me ha dado muchas alegrías. Cuando me llamaron de Canal Sur para intervenir en el programa *Gente maravillosa*, dándome así un poco más a conocer, un telespectador que era empresario contactó conmigo en plena emisión para ayudarme a solucionar un problema. En directo había contado que el coche se me había roto y que tenía que ir de un trabajo a otro sin tiempo para comer. Y ese hombre me regaló uno. Jamás se lo agradeceré lo suficiente.

Con mis discursos pretendo cambiar vidas, arrojar un poco de luz a jóvenes que se encuentran perdidos. ¿Y cómo? Invitándolos a reflexionar sobre aspectos de la vida. Para ello hablo de mi propia experiencia y transmito mensajes positivos, con valores y mucho amor, como el que muestro hacia mi familia. Quizá eso es lo que le resulte más raro a la gente, el ver a un chaval de mi edad ser tan cariñoso con los suyos y deslomarse con tal de hacerles la vida feliz. Y eso me entristece... Ojalá pronto no sea noticia querer lo mejor para tu familia.

El odio pesa y viaja más rápido que un monopatín

Afortunadamente, tengo una buena autoestima, porque, si no fuera así, los odiadores o *haters* profesionales que inundan las redes ya habrían acabado conmigo. No todo es bueno en el universo virtual y es importante que lo sepas.

Si no estás preparado para escuchar ya no solo críticas, sino auténticas barbaridades, no te metas en esto. Los *haters* están ahí siempre, al salto, dispuestos a ponerte a parir y a darte donde más te duele. Yo suelo contestarles y les digo que me dan pena, pero la verdad es que algunos de esos comentarios hacen daño. Sobre todo, si van contra tu familia.

A mí se me ha criticado mucho. Mucho. ¿Qué decirles a todos los que lo han hecho y lo siguen haciendo? ¿Qué decirte a ti, si eres una de esas personas? Lo primero, que siento haberme hecho viral, porque parece que eso molesta. Hay muchos chavales que me dicen que son igual de buenos (o mejores) que yo y, sin embargo, no han obtenido el reconocimiento público que yo sí he encontrado.

Pero no tengo culpa de eso ni merezco que me insultes: subí un video inocentemente, no buscaba fama. Si tú también piensas como ellos, pregúntate lo siguiente: ¿tienen Messi o Cristiano la culpa de que miles de chavales que han querido triunfar en el fútbol no hayan tenido la oportunidad de hacerlo? ¿Cuántos futbolistas hay en los barrios que nunca han podido demostrar sus habilidades? Y como en eso, en todo. Los buenos *followers* se alegran de verdad de tu suerte; los *haters* que desde el sofá de su casa se dedican a despreciar a los demás no merecen ni siquiera atención. Si eres de esos, no te dejes llevar por envidias y cambia tu actitud.

Parece que el ser «famoso» da derecho a la gente para que te insulte. Y lo peor es que esto se está normalizando y no se ponen medios para darle fin. Los que estamos detrás de esas publicaciones somos personas y tenemos sentimientos. ¿Quién está preparado para soportar día tras día una sarta de insultos? ¿Ser objeto de críticas es el precio que hay que pagar por compartir contenido para ayudar a otros?

Dedicarte a las redes sociales parece fácil, pero, aparte del tiempo que te lleva subir tus videos, tienes un trabajo mental importante, porque debes lidiar con mensajes ofensivos, burlas por la calle y amenazas al teléfono con número oculto. Salir en periódicos, radio y televisión no es tan bonito como la mayoría piensa, hay luces y sombras en este mundo. Entre aplausos y críticas, la sensación que te deja es agridulce. Por eso te replanteas dejarlo y seguir tu vida en el anonimato. Pero, de repente, llega un grupo de chicos que te dicen que, gracias a tus videos, les has cambiado la vida, porque ahora estudian más y se esfuerzan por ser mejores personas, y ese pensamiento desaparece. Entonces me digo a mí mismo: «Claro que merece la pena seguir con esto». Y lo reafirmo cuando me encuentro a madres que me agradecen haber ayudado a sus hijos. No hay nada que me llene más que eso. E insisto que jamás podré agradecer lo suficiente que aquel hombre me regalara el coche, porque me ha facilitado mucho la vida y ha evitado que perdiera la cabeza entre un trabajo y otro, pero el hecho de saber que llevo felicidad a muchas familias gracias a mis videos es impagable. Ojalá todos los que nos movemos por internet tengamos en mente hacer de este un mundo mejor.

No he logrado alcanzar grandes metas en la vida por ahora, pero esto que he conseguido me hace sentir orgulloso. A veces, inevitablemente pienso que todo lo que he pasado ha ocurrido para poder contarlo y que haya chavales que puedan aprender algo de mí y mi historia. Y el reconocimiento que se me está dando es mi compensación. Un premio, mi gran premio.

Inteligencia artificial contra inteligencia natural

¿Y ahora qué? «Ahora que tienes más de 260.000 seguidores, me dicen, te convertirás en un *influencer* más y vivirás de esto». Esa frase la llevo oyendo a diario desde hace algún tiempo entre mis colegas, conocidos y seguidores. Muchos piensan que la gente que crea contenido tiene la vida resuelta con lo que hace, pero no es así. Es cierto que, desde que estoy en las redes, he hecho alguna colaboración y me han regalado algún *tattoo* o ropa, pero dinero como tal no. Para eso hay que ser mucho más activo y un buen farsante. Entiéndeme, me refiero a que tienes que dejar de ser tú mismo para hacer lo que las marcas te dicen para vender sus productos, aunque no te parezcan buenos. Cuando ya has alcanzado gran fama, entonces te puedes permitir el lujo de elegir qué marcas promocionar y cuáles no. Pero, si estás empezando, el truco para que te sigan llamando es mentir.

Y a mí eso de hacer directos comportándome de una manera diferente a lo que me pide el cuerpo no me va, no me gusta. Yo quiero que quien me siga lo haga porque quiere escucharme y reflexionar conmigo sobre los temas de los que hablo. No quiero venderles nada ni cargarlos con videos publicitarios. Mi propósito es ser siempre natural. Y esto no es sencillo, sobre todo en la era de lo artificial.

Porque así es: la inteligencia artificial (IA) ya está aquí, y quienes no seamos capaces de subirnos a su carro nos vamos a quedar atrás. Las TIC llegaron para quedarse; aprovechémonos de eso antes de que nos gobiernen. En mi caso, frente a la IA, me preparo para llegar a la gente con mi inteligencia emocional. Pongo por delante los sentimientos y las emociones, pero me apoyo en todo lo que la tecnología puede ofrecerme. Por ejemplo, tengo en mente hacer un pódcast, con el que sé que voy a disfrutar mucho, y espero que tú también. Tendré invitados guays y juntos lo pasaremos bien mientras os damos qué pensar.

Volviendo a las redes sociales, tengo claro que, en mi caso, no son un trabajo. Suelo grabar videos en apenas unos minutos, cuando estoy tranquilo, y subo dos o tres a la semana. Después voy mirando el móvil de vez en cuando para ver las reacciones de la gente, pero no estoy todo el día pendiente de los *likes* o comentarios. Soy consciente de que mi vida no está dentro de la pantalla, sino con mi gente, la que me quiere y me llena el corazón con sus sonrisas, besos y abrazos, y eso ninguna red social me lo podrá aportar jamás.

Con esto quiero decirte que no pases tanto tiempo sumergido en las redes y valora lo que tienes a tu alrededor. Céntrate en tu familia, en tus proyectos. Deja el móvil y explora nuevos horizontes. La vida está ahí fuera.

-11-

CONTRA EL *BULLYING*.
NO SEAS
UN CAPULLO

Como ya te he contado, cuando aquel profesor me propuso ir a dar una charla a sus alumnos del instituto sobre el tema del *bullying*, ni me lo pensé. Primero, porque es un asunto muy importante, ya que más de la mitad de los chavales de este país lo sufren a diario, y segundo, porque, si yo podía hacer algo para evitarlo, debía intentarlo. Tan solo el hecho de que algunos adolescentes hayan reflexionado después de lo que les conté sería un regalo para mí.

Antes el *bullying* era más común en la escuela, en el patio, en la clase o al salir, en las inmediaciones del cole o insti; pero ahora estas intimidaciones han saltado de la calle a la red virtual, dando lugar al ciberacoso. Es grave porque algunos chicos y chicas no pueden más y terminan quitándose la vida.

Entre los chavales son comunes las bromas metiéndose los unos con los otros; sin embargo, si estas bromas empiezan a ser constantes contra una misma persona, hablamos de algo más serio que puede afectar psicológicamente a quien las recibe. Algunos hacen *bullying* sin darse cuenta, y otros, en cambio, saben perfectamente que están cometiendo acoso, pero les da igual, porque lo ven como una muestra de poder sobre los demás. Creen que con eso ganan respeto, infunden miedo y les hace parecer más chulos que nadie, los dueños de la calle. Pero eso no es calle, hermano.

Estas personas suelen ser líderes de grupitos, y lo peor es que muchos jóvenes se unen a estos porque piensan que así estarán a salvo de que se metan con ellos. Las víctimas suelen ser chicos y chicas vulnerables, a los que no les gusta meterse en problemas y no se atreven a contar, por vergüenza o miedo, que están siendo maltratados. Es decir, el blanco perfecto. ¿No se dan cuenta de que son seres con sentimientos, no juguetes que se pueden manipular?

Piensa si alguna vez te has reído de alguien, metido con él o incluso pegado, porque eso es *bullying*. Seguro que, mientras lo hacías, o lo haces, no te has parado a preguntarte si te gustaría ser tú el que esté al otro lado recibiendo los insultos o los palos. ¿Verdad que no? Entonces, ¿por qué lo haces? ¿Es que te divierte causar dolor? ¿Eres un psicópata? Nadie debería pasar por humillaciones de otros. Así que vive y deja vivir.

Por otra parte, participar en cualquier tipo de acoso es fatal, pero no es mejor presenciarlo y callarse. Puedes pensar que la cosa no va contigo y, por tanto, no estás haciendo nada malo. Pero te engañas, porque estás contribuyendo al *bullying* sabiendo que se lo están haciendo a alguien y tú no le estás ayudando. Si no pones medios para evitarlo, de algún modo lo estás permitiendo. No te cruces de brazos sin más.

Yo soy partidario de ayudarnos más los unos a los otros, tener más empatía con el débil y juntarnos para hacernos la vida mejor, más bonita. Me entristece pensar en lo mal que lo deben pasar esas personas que reciben ataques; sobre todo, si son niños, porque la infancia es el momento para ser feliz, disfrutar, reírse y pasarlo bien. Debería estar prohibido que los más pequeños sufran.

A mí, por suerte, nunca me han hecho *bullying* y, por supuesto, nunca he acosado. Pero sí he presenciado algunos casos a mi alrededor e incluso he actuado para acabar con el problema. Resulta que en mi clase había un chaval al que molestaban continuamente. Yo lo sabía, pero no me atrevía a defenderlo. Hasta que un día me planteé que, al hacer eso, yo también era cómplice de ese *bullying*. Así que decidí acercarme a él, empezando por ponerme a su lado en el autobús, para sacarle conversación y que se sintiera apoyado, e intenté integrarlo con mis colegas, llevándomelo a jugar al fútbol, para que el resto viera que no estaba solo. También opté por contarle a su madre lo que estaba viviendo, e incluso llegué a enfrentarme a los abusones para que pararan de una vez. El acoso terminó y mi recompensa fue que me sentí superbién. Es increíble lo que te pasa por dentro cuando consigues salvar a alguien de un sufrimiento tan profundo. Pruébalo, reconforta el alma.

Podía haber actuado mucho antes, pero no fue hasta entonces cuando me di cuenta de que, sin haber participado en ninguna agresión contra aquel chico, era tan culpable como sus acosadores, por conocer la situación y callármela. El simple hecho de tender una mano a quien lo necesita será muy importante para él (o ella), porque puede estar muerto de miedo, sin saber cómo actuar. Tal vez pienses que es un cobarde porque no sabe defenderse, pero el principal cobarde aquí eres tú, si estás presenciando un abuso y consintiéndolo sin hacer nada.

Esto mismo se lo conté al grupo de estudiantes de instituto a los que di aquella charla. Los miré a los ojos y les pedí que pusieran remedio contra el *bullying* y que fueran un ejemplo para los que no se atreven a meterse en medio de un problema que no es el suyo para ayudar a acabar con él. Y ahora te lo digo a ti: lucha contra el acoso en la medida de tus posibilidades y no solo te sentirás orgulloso de tu buen hacer, sino que mostrarás a los demás todo lo que vales.

Padres y profesores, culpables de indiferencia

Esto del *bullying* no tiene género, ya sabes. Las chicas también pueden ser terribles con sus compañeras más frágiles. En los institutos, es un problema que está a la orden del día. Sin embargo, no todos los profesores interfieren; algunos pecan de indiferencia y dejan que estas prácticas se repitan una vez tras otra sin poner remedio. Luego, cuando es demasiado tarde, vienen los lamentos…

A veces, la actitud de los padres tampoco ayuda. Si hay padres leyéndome, por favor, no dejéis de interesaros por el día a día de vuestros hijos y dadles la confianza para que os cuenten sus movidas, las buenas y las malas, porque sobre todo en estas últimas estarán necesitando vuestra ayuda, aunque no sepan expresarlo. Implicaos para que se abran con vosotros y os ahorraréis disgustos.

Es fundamental que los padres ayuden a reforzar la autoestima de sus hijos, pero para ello se deben tener algunas cosas en cuenta: hay que escucharlos sin prejuzgarlos, dejar que tomen sus propias decisiones, darles consejos si los piden y permitir que se equivoquen.

Los padres quieren lo mejor para sus hijos, pero muchas veces se pasan de exigentes. Si los hijos estudian o trabajan y, por lo general, se esfuerzan, hay que permitirles desconectar, ya sea con alguna salida, viendo la televisión, pasando un rato con el ordenador o el móvil, jugando a la Play... Si están haciendo las cosas bien día tras día, ¿no se merecen esos momentos de descanso y diversión? Aunque parezca obvio que sí, algunos padres se olvidan de que sus hijos son seres humanos y necesitan cierta libertad. De lo contrario, podrían saturarse y entrar en un túnel que los conduzca a la depresión. Y la depresión ya sabemos lo que conlleva...

Cosa distinta es si tu hijo es un *nini* (ni estudia ni trabaja) que no cumple con sus obligaciones ni en casa ni en la escuela y, encima, se la pasa exigiendo a los padres. Aquí el diálogo familiar quizá no sea suficiente y se necesite ayuda externa. Lo principal es no rendirse. No se puede dar un caso por perdido sin haberlo probado todo.

Las relaciones padres-hijos son complicadas. Nadie dijo que criar un hijo fuera fácil. Pero crecer y conocerse a uno mismo tampoco lo es. Por eso es tan necesario que la familia esté unida y comparta sus alegrías y sus penas para aprender juntos y salir ilesos y felices de cualquier circunstancia a la que nos enfrente la vida.

-12-

NOS VAMOS DE FIESTA. CALMA ANTE LAS PROVOCACIONES

La verdadera calle es la fiesta, ¿verdad? Seguro que mucha gente joven lo piensa: qué guay es salir, emborracharse, fumar, reírse y divertirse hasta el amanecer. Y, sin embargo, la sensación que yo tengo es que las personas disfrutan cada vez menos cuando salen de marcha. Algunos van a las discotecas simplemente para evadirse de otros problemas y empiezan a beber y a beber hasta que se les nubla el sentido y se vuelven agresivos. Provocan movidas y se enfrascan en peleas en las que siempre alguno termina mal. No hay vez en la que haya salido de fiesta y no me haya encontrado alguna situación así. Por eso ya no me gusta, porque ha dejado de ser divertido.

Y es que estos grupos que van buscando bronca tienen una habilidad tremenda para embaucarte. Mi panda no es de entrar en peleas, y, cuando nos topamos con un grupo que sí, procuramos echarle paciencia y pasar de las provocaciones. Pero, si siguen con la matraca, al final te hacen entrar en su juego. Si yo o alguno de los míos saltamos y nos enfrentamos, empieza el lío. Y como queremos evitarlo, muchas veces preferimos no salir a zonas de juerga, sino por lugares más tranquilos.

Por la parte de las chicas, también las hay que salen dispuestas a desfasar en la discoteca y, al igual que algunos chicos, se vuelven violentas y buscan enfrentamientos con otras chicas. Pero no es el caso de la mayoría. No todas las mujeres van tranquilas de fiesta. Salen con la intención de divertirse y bailar libremente, pero no dejan de estar pendientes de que nadie se sobrepase con ellas o les echen sustancias en sus bebidas para aprovecharse de su estado.

Lamentablemente, esto es más frecuente de lo que se piensa, y me imagino que le ocurre a mi hermana y se me pone el cuerpo malo. Hoy no es raro leer noticias de menores que han sido drogadas y abusadas sexualmente por hombres que, encima, se graban para fardar o pegarse unas risas. ¿Y luego nos extraña que las mujeres quieran ir juntas a todos lados? ¿Incluso al baño?

Pero tampoco lo pongamos todo tan mal, porque muchos chavales salimos de fiesta de buen rollo y solo queremos pasárnoslo bien sin molestar a nadie. Pero está bien que se sepa lo que se puede encontrar uno cuando va de fiesta: peleas, borracheras, porros, pastillas, sexo… Los padres deben tenerlo en cuenta y preocuparse de a qué sitios entran sus hijos, además de prevenirlos para que no se dejen llevar por los maleantes que frecuentan las discotecas y *pubs*.

Pero también los jóvenes tenemos la responsabilidad de saber decir no. Si te gusta salir a discotecas, a la calle, a los parques…, en fin, vivir tu juventud, nada te impide que lo hagas, siempre que sea con cabeza. No tomes decisiones de las que puedas arrepentirte y aléjate de los malos rollos. Ya son muchas las muertes de inocentes por culpa de peleas ajenas a ellos y que, por un mal golpe, se han visto ocupando un sitio en el cementerio, dejando a una familia rota y una madre deshecha. Si te buscan, que no te encuentren. No dejes que nadie te provoque ni te permitas a ti mismo entrar en su juego. Ten la cabeza fría, ármate de paciencia y mantén la calma. Piensa siempre en tus ganas de vivir.

-13-

VIVIR EN UN MUNDO DIVERSO SIN DEJARSE MANIPULAR

Hay quien dice que a los jóvenes de mi generación nos ha tocado vivir una época muy difícil, que hay muchos obstáculos para nosotros, que deambulamos por el mundo sin esperanza. Puede que tengan razón, pero, cuando escucho a gente mayor contarme cómo fue su juventud, tampoco me parece tan terrible la nuestra. Al fin y al cabo, la mayoría de nosotros tenemos comida en la nevera. Pienso que lo peor es vivir sin las necesidades mínimas cubiertas.

Dicho esto, sí que es cierto que nuestro presente no está libre de problemas que afectan a los jóvenes. Para empezar, los chavales estamos sometidos a una gran presión social. Se espera de nosotros que cambiemos el mundo que nos hemos encontrado al nacer, pero el nivel de vida está algo alto y no nos lo ponen fácil para ganar un sueldo decente, incluso a veces resulta una odisea encontrar trabajo. ¿Por qué? Muchas empresas nos piden experiencia, pero, si estamos buscando nuestro primer curro, ¿de dónde vamos a sacar la experiencia? Y si cuentas con experiencia, tampoco las tienes todas contigo, porque pueden pedirte estudios que tal vez no tienes pero que pretendes sacarte con el dinero que ganes trabajando. Es complicado, lo sé, pero, si tienes tus ideas claras, no dejes de intentar probar en otros negocios, algún trabajo habrá para ti en el que no te pongan tantas trabas.

No te vuelvas pesimista y ten esperanza. La mayoría de chavales piensan que, con tantas dificultades para encontrar trabajo, nunca se podrán independizar, tener su propia vida y construir una familia. Lo importante aquí es no venirse abajo y seguir apostando por uno mismo. No pierdas de vista tus objetivos y sigue en la búsqueda de tu futuro.

Me preguntáis a menudo qué es lo que me mantiene siempre con esa fe en que lo que sueño se hará realidad. La respuesta es muy sencilla, tan solo me repito una máxima: «Palante, palante, tío. Para atrás, ni para coger impulso». A mí me gusta fijarme en la gente que ha tenido éxito, y me he dado cuenta de que casi todas esas personas son, o han sido, unas luchadoras que siempre han mirado hacia delante. Solo quienes luchan consiguen las cosas. Motívate, cree en ti, valórate y ve a por tus sueños. Pero sueños accesibles, ¿eh? No fantasees con lo imposible. Quizá no te has encontrado en tu vida un camino de rosas, pero siempre tendrás la posibilidad de sembrar tu propio jardín.

Sin embargo, el problema no solo está en cómo enfrentamos el mundo actual, sino cómo lo dejamos a futuras generaciones. En relación a esto, un tema que nos preocupa es el que tiene que ver con el cuidado del medio ambiente. Es cierto que hay muchas personas que están a *full* con este asunto y cuidan la naturaleza, poniendo en práctica cambios a favor del medio ambiente: mantienen limpias las ciudades, no gastan demasiada agua, optan por el transporte público… Pero también existe otro sector que no da importancia a las consecuencias de la contaminación y el derroche. Esta gente no se para a pensar que el mundo es nuestro gran

tesoro y que debemos protegerlo. Es tan simple como utilizar las basuras, cuidar el agua, no arrojar tanto CO_2 a la atmósfera o respetar las plantas y a los animales. Tenemos un planeta maravilloso, conservémoslo por mucho tiempo más.

En cuanto a decidir sobre nuestro futuro, cada vez estamos menos interesados y preparados. Sí, me estoy refiriendo a la política. La poca confianza en los políticos hace que nos alejemos cada vez más de las cuestiones del Estado, y a eso se suma que no todo el mundo está totalmente de acuerdo con lo que propone un partido determinado. Yo, por ejemplo, veo en cada uno algo bueno y algo menos bueno, y pienso que todos tienen aspectos que mejorar. Para empezar, no mentir, cumplir con sus promesas y mirar lo que es mejor para la gente, no tanto para ellos.

Y siguiendo con esto, otro problema que nos encontramos los jóvenes es hacia dónde dirige un Gobierno su país. Me refiero a esos territorios que entran en guerras sin agotar primero todas las posibilidades de entendimiento ni tener en cuenta los sentimientos de los ciudadanos, que son los que más sufren estas guerras porque quedan expuestos mientras los políticos se protegen con buenos equipos de seguridad. Comprendo que hay que pelear por nuestro país cuando se enfrenta a una injusticia, pero no estoy de acuerdo en que la guerra sea la solución, porque luego nos toca ser responsables de nuestros actos.

A esto tengo que decir que, si cometes un error, no trates de echar la culpa a otros o a la sociedad en general. Así, colega, no vas a aprender ni a crecer. Si eres lo suficientemente maduro para tomar tus propias decisiones, también tienes que serlo para afrontar la frustración que conlleva equivocarse. Para hacer de este mundo tan complicado un lugar mejor, los primeros que debemos mejorar somos nosotros.

La realidad está fuera de las pantallas

Camina por la calle, sube al autobús o al metro y mira a tu alrededor. Toda la gente joven está con sus cascos puestos y mirando su móvil. Estamos enganchadísimos al teléfono, a la Play o a las maquinitas en general. La tecnología nos está absorbiendo, se está llevando nuestro tiempo y nos está introduciendo en un universo que no es del todo real. Y eso no nos hace bien.

Por esa razón yo escapo de todo eso en cuanto puedo; por ejemplo, en verano o cuando el tiempo me permite salir a la calle a disfrutar del aire y del sol. Y te aconsejo que lo pruebes tú también, es decir, que aproveches tu tiempo libre descubriendo la realidad: visita paisajes naturales, camina por el campo, ve con tus amigos a los parques... Haz cualquier actividad al aire libre y deja el móvil silenciado en tu bolsillo para que no te incordie. Desconecta de la red y te sentirás más vivo y libre, te lo aseguro.

Planteátelo como una tarea si tienes un problema de adicción con el teléfono. Quizá el primer día no superes esa agonía de echarle un vistazo al móvil, pero sigue intentándolo, porque los beneficios son increíbles.

Las tecnologías no son malas si se hace un buen uso de ellas. Pero la mayoría de las veces esto no sucede, sino que se convierten en un vicio. La pantalla del móvil es lo primero que vemos al levantarnos y lo último antes de acostarnos, incluso parece que el aparato forma parte de nuestra mano; por eso debemos aprender a despegárnoslo y estar más en el presente.

En busca de un mundo mejor

En referencia al apartado anterior, si la era tecnológica se ha implantado en nuestra vida, usémosla para construir un mundo mejor. Si lo utilizamos de una manera inteligente, internet nos trae muchas ventajas e incluso puede favorecer a hacernos mejores personas.

Por ejemplo, las redes sociales nos permiten conocer a mucha gente, personas de diferente cultura, y eso es muy interesante. En el

pasado, nuestros abuelos apenas coincidieron con personas de otras razas. Nosotros, en cambio, compartimos tiempo e historias con ellas, lo que nos hace reflexionar muchas veces. Oigo mucho por ahí hablar de racismo, pero, sinceramente, no tengo a mucha gente racista entre mis contactos. Eso significa que el mundo va cambiando un poco, ¿no? En mi caso, tengo un compañero de Mali al que quiero mucho y al que llevé a casa en Navidad porque estaba solo y quería que estuviera ese día acompañado. Tiene un corazón enorme y va a contar siempre con mi apoyo y con el de mucha gente.

No es justo que personas como mi amigo, que es tan bueno, se enfrenten a prejuicios por culpa de extranjeros que se benefician del racismo para hacer el mal, como robar o traficar, y, si se les culpa, se excusan diciendo que están siendo acusados por racismo. Eso hace que la gente cada vez proteste más sobre la inmigración.

Yo me siento muy orgulloso de que España sea un gran país de acogida y ayude a hombres y mujeres de otros lugares que vienen a nuestra tierra con buenas intenciones, en busca de una vida digna. En lo que puedo, colaboro también siendo solidario con ellos.

Pero cosa muy distinta es que se aprovechen de tu buen hacer. No puedo con esos extranjeros que vienen a España a liarla, a reírse de nosotros o a vivir de nuestro dinero público sin mover un dedo por mejorar el país. No, la tolerancia no tiene que ser infinita, hay un límite.

Siempre he creído que, si los que llegan tienen ganas de trabajar y son buenas personas, hay que darles un empujón para que despeguen, quizá con una ayuda económica. Pero, si vienen a delinquir y a hacer daño, no. A esas personas hay que devolverlas a su nación y punto. Así pensamos muchos, y no considero que seamos racistas por ello, sino ciudadanos que amamos nuestro país y queremos honrarlo, que no se burlen de él.

Además de la multiculturalidad que encontramos hoy en día a nuestro alrededor y que hay que mirar con positividad, el mundo se ha abierto a descubrir distintas variantes de género. Y como todo lo nuevo, tiene defensores y detractores.

Todos los colectivos deben ser tratados con respeto y aceptación: gays, lesbianas, bisexuales, trans, drags... Todos somos personas y merecemos ser libres de decidir cómo queremos ser. Si ves que alguien es distinto a ti en actitud, en gustos, en su modo de vestir, de expresarse o comunicarse, ¡no lo critiques! ¿Quién te dice que tú gustas a todo el mundo? ¿Qué deberían hacer contigo aquellos a los que no les gustas? ¿Cómo te sentirías si se ríen de ti porque lleves unos pantalones o una minifalda así o asá? Deja que cada cual viva a su manera mientras no haga daño al resto. Abraza la diversidad.

Otro grupo que debe ser especialmente cuidado son los niños. Hay que proteger a los menores de los peligros que hay en el mundo para que vivan una infancia feliz. Los traumas a una edad temprana pueden marcar la vida de una persona; por eso, seas familiar o un simple ciudadano que observa una situación de agresión contra un niño, actúa para prevenir un problema mayor. Educa también dando ejemplo siempre que puedas y, si ves que un niño empieza a desviarse del buen camino, intenta hacer algo para corregirlo y demostrarle que se equivoca.

Por otro lado, al igual que los niños, los ancianos también son un colectivo vulnerable. Tengo la sensación de que los viejos molestan a toda la sociedad y muchos jóvenes no son especialmente comprensivos con ellos. Los abuelos caminan despacio, algunos tienen mal humor, regañan y se meten con los chavales cuando están haciendo de las suyas en el parque. Y aunque a veces se quejan por gusto, la mayoría de ellos dicen las cosas con razón. Ponte en su lugar y ten paciencia al tratarlos. No sabes cómo serás tú cuando llegues a su edad.

En cuanto a los animales, no podemos dejarlos atrás si hablamos de construir un mundo mejor. Para mucha gente los animales forman parte de su vida y los quieren como un miembro más de su familia. Me encanta ver a las personas disfrutar con sus perritos y cuidarlos. Ojalá todas las personas trataran así a los animales, pero, desafortunadamente, hay bárbaros que maltratan a los animales, les pegan, no los alimentan o los abandonan. Sé consciente de lo que supone tener bajo tu custodia un animal, hermano. Y si no eres lo suficientemente capaz o maduro para tenerlo, entrégalo a otras personas que sí están dispuestas a darle amor.

Vivimos en un mundo en continuo movimiento, abierto a la diversidad y a los cambios, y tenemos que adaptarnos a ellos, pero sin apartar de nuestra cabeza la meta de hacer de este mundo un lugar mejor, lejos de la manipulación y la violencia, donde reinen el respeto y la aceptación, el cariño, la paz y la tolerancia. Tú eres el futuro, elige hacer las cosas bien.

-14-

UNA ESCALERA
PARA LLEGAR
AL CIELO

Creo firmemente que todos tenemos la posibilidad de coger una escalera que nos lleve hasta el cielo, al éxito. Antes de que la vida me regalara este reconocimiento público, ya lo creía así, y un día, sin buscarlo, de pronto se apareció ante mí esa escalera y subir a través de ella está siendo muy emocionante, porque me doy cuenta de que con cada escalón me acerco más a mis sueños. Y si con lo que te cuento en este libro, que son mis reflexiones y una parte de mi vida, consigo que tú también encuentres esa escalera que te lleve a tu cielo ideal, me sentiré feliz.

El futuro empieza hoy, colega, hoy mismo, contigo. No esperes a mañana. Actúa ya. Y no te preocupes si te equivocas o si te cuesta subir los peldaños. Lo importante es no rendirse y aprender de cada resbalón. Caer no siempre es malo, a veces nos lleva a coger impulso para continuar. ¿O crees que yo en estos años no he caído varias veces? Si echo la vista atrás, me doy cuenta de que he tropezado mucho y he cometido muchos errores, y seguramente a ti también te habrá pasado. Pero de cada error he sabido sacar un aprendizaje que me ha llevado a mejorar.

¿Te has preguntado alguna vez cómo será tu futuro? Yo sí, muchas veces. Quizá te parezca un poco creído, pero la verdad es que siempre he pensado que iba a triunfar, desde muy jovencito. ¿Y por qué? Porque soy constante cuando me empeño en algo, nunca me ha dado miedo trabajar y, si fracaso, me obligo a levantarme. Si sigo así, lograré el éxito, estoy seguro. Tendré mis propios negocios y me sentiré orgulloso de mí mismo.

No estoy hablando de llegar a ser multimillonario, eso es fantasear. Para mí, el triunfo es estar satisfecho con la vida que tengo y hacer feliz a los míos. Pero para eso hay que pelear y hacer algunos sacrificios. Por mi parte, no dejaré de trabajar duro para crecer y ganar dinero para seguir formándome hasta que pueda crear mi propia empresa que me permita vivir bien, como a mí me gustaría: tranquilo, en una casita en el campo, con una buena chica y rodeado de mi familia. Queriendo y siendo querido. Con eso sería feliz. Porque al final lo importante es eso, encontrar la felicidad.

Hay muchas formas de plantearnos el futuro, pero todos estamos de acuerdo en que queremos ser felices, hagamos lo que hagamos. Por eso no entiendo a esas personas que se crean problemas, cuando lo que deberían es pensar soluciones para hacer la vida más bonita. La mía precisamente no ha sido fácil, como ya has visto, pero todo lo que he pasado me ha servido para saber lo que no quiero en mi vida. He madurado a base de lágrimas y oscuridad, pero ese dolor ha sido el impulso para continuar, persiguiendo la luz. Una luz en la que de repente se pintó esa escalera que hoy me lleva de camino al cielo. Y si yo he podido conseguirlo, tú también lo lograrás. Recuérdalo siempre y no te rindas nunca.

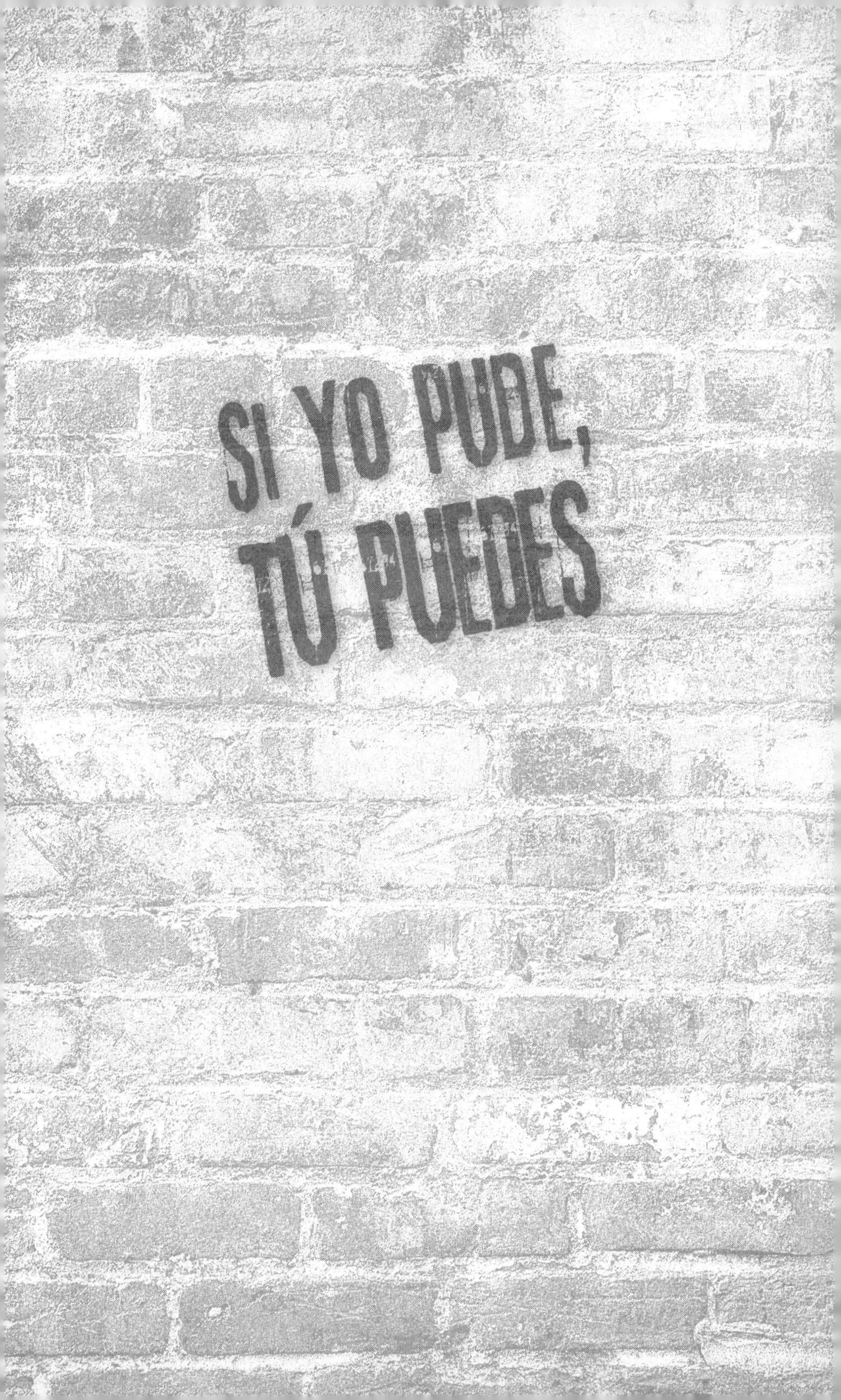
SI YO PUDE,
TÚ PUEDES